2022年度中国工程科技发展战略四川研究院咨询研究项目《四川农业科技现代化路径及机制研究》
(2022JDR0352)
四川省科技计划重点研发项目"农作物及畜禽育种攻关创新知识服务平台"
(2021YFYZ0028-01)

面向2035
四川农业科技需求分析与前沿技术研究

◎ 唐江云 何 鹏 曹 艳 彭璟颜 等 著

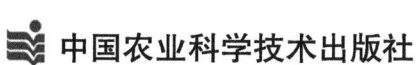

中国农业科学技术出版社

图书在版编目（CIP）数据

面向2035：四川农业科技需求分析与前沿技术研究 / 唐江云等著. --北京：中国农业科学技术出版社，2025.5. --ISBN 978-7-5116-7411-1

Ⅰ.F327.71

中国国家版本馆 CIP 数据核字第 2025NG8330 号

责任编辑　李　娜　倪小勋
责任校对　马广洋
责任印制　姜义伟　王思文

出 版 者	中国农业科学技术出版社
	北京市中关村南大街 12 号　邮编：100081
电　　话	（010）62111246（编辑室）　（010）82106624（发行部）
	（010）82109709（读者服务部）
网　　址	https://castp.caas.cn
经 销 者	各地新华书店
印 刷 者	北京建宏印刷有限公司
开　　本	170 mm×240 mm　1/16
印　　张	11.5
字　　数	200 千字
版　　次	2025 年 5 月第 1 版　2025 年 5 月第 1 次印刷
定　　价	55.00 元

◆◆◆ 版权所有·翻印必究 ◆◆◆

《面向 2035：四川农业科技需求分析与前沿技术研究》著者名单

唐江云　何　鹏　曹　艳　彭璟颜

王自鹏　古　乐　许　佳

前　言

在全球政治经济格局深刻重塑、新一轮科技革命与产业变革浪潮迭起的时代背景下，我国正处于实现中华民族伟大复兴的战略机遇期。农业作为国民经济的基础，对于保障国家粮食安全、增进民众福祉以及推动农村经济跨越式发展具有重要的战略价值。在人口基数庞大、自然资源相对有限的国情下，确保粮食安全不仅是国家安全的重要基石，更是实现社会和谐稳定与可持续发展的核心要素。因此，农业领域的科技进步与技术革新，已成为推动农业现代化进程、提升农业国际竞争力的核心驱动力。

步入21世纪以来，全球气候变化加剧、资源环境约束趋紧以及市场需求多样化等挑战日益凸显，农业发展领域亟须探索新的发展模式与转型路径。在此背景下，生态农业、智慧农业等一系列新技术与新模式应运而生，它们以科技创新为引领，旨在推动农业向高质量发展阶段迈进，提升农业的核心竞争力。然而，这一转型目标的实现，离不开大量先进科技创新的坚实支撑。从作物遗传改良、动物繁殖与疾病防控，到农业资源高效循环利用、农业智能化与信息技术应用，每一个环节的进步都亟须科技力量的深度介入，以应对农业发展中的诸多挑战，并最终实现保障粮食生产安全、促进农民增收、推动农业可持续发展的宏伟目标。

四川省位于我国西南地区，作为农业大省，其农业发展历史悠久、自然资源丰富，在全国农业发展大局中占据举足轻重的地位。近年来，随着长江经济带发展战略、成渝地区双城经济圈建设等国家重大战略的深入实施，四川省在全国经济发展大局中的战略地位进一步得到彰显。站在新的历史起点上，四川省正奋力推进社会主义现代化建设，努力实现乡村振兴与农业现代化的宏伟蓝图。在此过程中，农业科技作为推动现代化农业持续优质发展的决定性力量，其重要性愈发凸显。全面而深入地了解和掌握四川省农业科技的基本现状、需求以及最新前沿技术的应用情况，不仅有助于科学指导全省农业科技工作、加速农业现代化进程，还能为全国乃至全球的农业科技创新与发展提供有益的参考与借鉴。

编 者

2024 年 12 月 1 日

目 录

第一章 总 论 1
  一、研究背景与意义 1
  二、中国农业的基本特征和发展现状 4
  三、科技创新成为现代农业发展的坚实支撑 8

第二章 国内外农业科技发展规划与战略布局 12
  一、国外农业科技发展规划与战略布局 12
  二、中国农业科技发展规划与战略布局 32

第三章 四川省经济社会发展特征分析 53
  一、人口增长与城市化进程对食物有效供给提出更高要求 53
  二、资源与生态环境约束给农业可持续发展带来更大挑战 56
  三、建设更高水平天府粮仓对转变农业生产方式提出新要求 59
  四、气候变化与极端自然灾害频发亟须提升农业生产韧性 61
  五、人民美好生活向往对农产品品质与食物安全诉求更高 63
  六、新一轮科技革命引领农业产业及科技发展走向新时代 65

第四章 四川省现代农业发展需解决的关键问题及科技需求 68
  一、四川省现代农业发展面临的共性问题及科技需求 68
  二、四川省五大农区农业发展需解决的关键问题及科技需求 76
  三、四川省农业领域科技发展需求清单 90

第五章 面向四川省现代农业发展科技需求的前沿技术研究 ... 94
一、数据来源 ... 94
二、研究方法 ... 95
三、技术路线 ... 98
四、研究热点前沿遴选 ... 99
五、研究热点前沿解析 ... 100

第六章 四川省农业科技发展重点任务 ... 117
一、植物科学领域 ... 117
二、畜牧及动物医学领域 ... 119
三、渔业领域 ... 120
四、农业资源与环境领域 ... 122
五、食品科学与技术领域 ... 123
六、农业工程领域 ... 126

第七章 四川省农业领域重大工程专项 ... 128
一、生物育种工程 ... 128
二、农业机械化与农机装备工程 ... 132
三、耕地质量提升与农业可持续发展工程 ... 138

参考文献 ... 143

附录1 四川农业领域研究热点初选结果 ... 158

附录2 四川农业领域研究热点排序 ... 169

第一章
总　论

一、研究背景与意义

（一）全球农业科技发展趋势与面临的挑战

随着全球人口的增长和资源的有限性，农业科技的发展已成为保障粮食安全、提高农业生产效率、促进农业可持续发展的关键。联合国经济和社会事务部人口司发布的《2023年世界人口展望报告》显示，截至2023年4月，全球人口已攀升至约80.32亿人，这一增速显著快于11年前《世界人口展望：2012年修订版》所预测的2035年人口将突破96亿的情景。同时，经济合作与发展组织在其发布的《2023—2032年农业展望报告》中指出，到2032年，全球粮食总消费量预计将以年平均1.3%的速度增长，其中食用农产品消费量的占比继续上升。此外，全球面临的挑战也不容忽视：可耕地面积有限、水资源匮乏以及气候变化等问题正严重制约农业生产。进入21世纪以来，大数据、人工智能、数字孪生等技术在农业领域的应用，使农业生产全过程实现精细化、智能化管理，农业经营也从过去的经验化管理逐步向数据驱动的精准化决策转变。

在此背景下，智能化、精准化、自动化、绿色化成为引领农业生产变革的主导趋势。为顺应这一趋势，我国高度重视科技创新在推动农业高质量发展的核心作用，并出台了一系列战略举措。农业数字化与智能化发展战略注重构建农业数字化平台，整合农业信息资源，提升农业数据分析与应用能力，为农业生产提供了科学决策。乡村振兴战略的实施，不仅强化了农村基础设施建设，优化了农业生产条件，还显著提升了农民的科技素质，为农业科技的广泛应用与推广奠定了坚实基础。农业绿色发展的深入推进，则通过科技创新推广绿色生产技术，加强农业生态环境保护，发展循环农业，力求实现农业生产与生态环境的和谐共生。这些战略举措不仅促进了农业特色产业的发展，增强了产业竞争力，还推动了农业科技创新与产业升级，为我国农村经济的繁荣与农业可持续发展注入了新的活力。

与此同时，物联网、大数据、云计算、人工智能等现代信息技术的飞速发展，引领农业生产方式发生深刻变革。智能化农业装备与精准农业技术的广泛应用，极大提升了农业生产效率和资源利用效率。生物技术在农业领域的突破，如基因编辑、分子标记辅助选择等，为农业育种带来了重大革新，培育出了一批高产、优质、抗逆性强的新品种，显著提高了农作物产量和品质，增强了农业生产的稳定性和可持续性。

然而，我国农业发展仍面临诸多挑战。粮食生产总量虽有提升，但相对于庞大的需求仍显不足；畜牧水产业的生产方式依然粗放，亟须转型与升级；重大动植物病虫害防控形势依然严峻，对农业生产构成了严重威胁；农林生态环境治理任务繁重，需要持续加大投入和力度；同时，随着人们生活水平的提高，营养与健康需求也在不断升级，对农产品的品质和安全性提出了更高要求。面对这些挑战，必须进一步增强农业科技创新能力，全方位夯实农业科技创新根基，以科技引领农业高质量发展。

（二）农业科技创新在农业强国建设中的战略地位

强国必先强农，农强方能国强。农业科技创新，作为保障国家粮食安全、推动乡村全面振兴和建设农业强国的关键力量，其战略地位不容忽视。在新时代背景下，农业科技创新的重要性日益显著，成为引领农业现代化发展、提升农业国际竞争力的关键要素。我国正处于贯彻新发展理念、着力发展新质生产力，并依赖科技创新推动农业高质量发展的关键阶段。我国农业科技以高水平自立自强的目标，以科技力量深度赋能农业，催化农业生产方式的根本性变革，从而确保农业生产效率的提升、生产成本的下降，以及农业资源的合理利用与生态环境的保护，实现农业的绿色发展和可持续发展。

农业科技创新在保障国家粮食安全方面发挥着重要的作用。通过培育高产、优质、抗逆的农作物新品种，能够显著增强农业生产的稳定性与抗灾能力，确保粮食的有效供给。此外，农业科技创新还能够推动农业产业链的延伸与升级，促进农产品的深加工与增值，进而提升农业的综合效益和农民收入水平。在推动乡村全面振兴的进程中，农业科技创新同样发挥着不可替代的作用。借助科技创新，可以有效促进农村一二三产业的融合发展，培育乡村新产业新业态，为乡村经济发展注入强劲动力。同时，农业科技创新还能够提高农民的科技素质与创业能力，培养新型职业农民群体，为乡村振兴提供坚实的人才支撑与智力保障。

（三）四川省农业科技发展的重要性及现实意义

四川省凭借其丰富的农业资源和悠久的农业历史，在全国农业发展中占据举足轻重的地位。然而，随着时代的进步，四川省的农业发展也遇到了诸如农业生产效率低下、农业资源短缺、农业生态环境恶化等一系列挑战，这些问题严重制约了其农业的进一步发展和现代化转型。因此，加强四川省农业科技的发展不仅是应对当前挑战的迫切需求，更是实现农业可持续发展的必由之路。

农业科技的创新与应用，成为推动四川省农业生产转型升级、提高农业生产效率和质量的关键所在。通过引入先进的农业科学技术，可以有效提升农业生产效率，优化资源配置，减轻生态环境压力，从而实现农业的绿色、高效、可持续发展。不仅为四川省的农业发展注入新的活力，也将为其他地区的农业现代化提供宝贵的经验和借鉴价值。

四川省的农业发展状况对于地区经济的繁荣乃至国家粮食安全都具有深远影响。面对农业结构单一、资源利用效率不高、生态环境压力大等现实问题，深入研究四川省农业科技发展需求与技术，探索符合该地区特点的农业科技发展路径，已成为当务之急。这不仅能够解决四川省农业发展面临的现实问题，提升农业生产能力和市场竞争力，还能为全国乃至全球的农业科技发展贡献智慧和力量，推动全球农业科技的交流与进步。因此，加强对四川省农业科技发展需求与技术的研究，不仅是对四川省农业发展的有力支持，也是对我国乃至全球农业科技创新体系建设的重要贡献。

二、中国农业的基本特征和发展现状

（一）我国农业的基本特征

在 2023 年中央农村工作会议上，习近平总书记明确指出，"推进中国式现代化，必须坚持不懈夯实农业基础，推进乡村全面振兴。"在探索乡村全面振兴与深化农业农村工作的实践中，要紧密围绕中国的基本国情与农情。现阶段，我国农业主要呈现"大国小农、人多地少、经营分散、资源约束"的基本特征。

1. 大国小农：人口规模庞大与农业经营小型化的双重镜像

"大"字背后，是中国作为全球人口最多的国家，其人口基数之庞大，对农业发展构成了独特而深远的影响。国家统计局 2020 年第七次全国人口普查数据显示，尽管人口增速有所放缓，但总量依然保持稳健增长态势，2020 年我国人口已逾 14 亿人大关，约占全球总人口比例的 18%，且伴随老龄化现象的深化，60 岁及以上老年人口占比已达 18.70%。这一庞大的人口基数，不仅意味着农产品市场需求的巨大潜力，更随着经济社会发展与消费观念的迭代升级，持续推动着农产品市场需求向更高层次迈进。

"小"则主要体现在农业经营规模的小型化上。作为历史悠久的农业大国,我国农业经营的主要形式长期以小农户家庭经营为主导。第三次全国农业普查数据显示,小农户数量占据了农业经营主体的98%以上,其从业人员占比高达90%,经营耕地面积亦占总耕地面积的70%。小农经营模式的自给自足性强、生产效率相对较低,这不仅限制了城乡与工农收入差距的缩小,也为实现城乡共同繁荣带来了挑战。因此,推进农业农村现代化,需紧密贴合小农户家庭经营的实际特点,探索适宜小农经济的现代化转型路径。

2. 人多地少:人口密集与土地资源稀缺的紧张关系

"少"是我国人均耕地占有量少、优质耕地少。这一特征深刻反映了极大的人口规模与拥有的土地资源不相匹配状态。第三次全国国土调查结果显示,2019年我国耕地面积127.86万千米^2,仅占国土面积的13.31%,人均耕地面积更是低至0.091公顷,不足世界平均水平的40%。我国需以仅占世界9%的耕地,养活约占全球1/5的人口,这一现实无疑加剧了粮食安全的挑战(朱隽,2024)。与此同时,我国耕地质量总体水平不高,根据农业农村部《2019年全国耕地质量等级情况公报》,将全国耕地质量由高到低评为1~10等,平均等级为4.76等,其中高等级(1~3等)耕地面积仅占总面积的31.24%,中低等耕地面积占比超过2/3,进一步凸显了耕地保护与提升耕地质量的紧迫性。

3. 经营分散:农业组织化程度低与生产效率提升的障碍

我国农业在面临"大国小农、人多地少"的基本国情之外,还显著地呈现出经营分散的特点。这一特征不仅体现在以小农户为主体的农业经营体系上,更深入地反映在农业产业链上下游的整合缺失中。小农户因资源和能力有限,难以构建起全面而完善的农业产业链,致使农产品在生产、加工、销售等关键环节存在严重脱节。这种现状反映出农业生产的组织化程度明显不足,难以发挥规模效应与协同效应的优势。分散经营的模式不仅大幅增加了生产成本和交易费用,还严重制约了生产效率的提升。同时它还限制了农业科技的广泛推广与应用,阻碍了农业现代化的发展步伐。更为严峻的是,由于信息不对称和缺乏有效的市场渠道,小农户在农产品定价和销售中往往处于被动地位,难以获得公平合理的经济回报。因此，提升农业组织化程度，推动小农户向现代农业经营主体的转型，以及加强农业产业链的整合与协同，已成为破解农业生产效率瓶颈、增强农业竞争力的关键所在。

4. 资源约束：水资源短缺、土壤退化与生态环境压力的多重挑战

我国农业不仅面临着水资源短缺的严峻挑战，还承受着土壤退化和生态环境压力的双重考验。中国水资源总量虽然居世界前列，但是人均水资源量却远远低于世界平均水平，且时空分布极不均衡。随着工业化、城镇化进程的加快，农业水资源被挤占的现象日益严重，加之农业用水效率低下，水资源短缺已成为制约农业可持续发展的重要因素。同时，长期以来的高强度耕作、化肥农药的过量使用以及不合理的土地利用方式，导致土壤退化、盐碱化、污染等问题日益严重，严重威胁着农产品的质量和农业生态安全。此外，农业生态环境压力的不断加大，也加剧了农业可持续发展的难度。水体富营养化、农业面源污染等问题频发，不仅影响了农村环境的美观和居民的生活质量，还对农业生产和农村经济发展造成了不利影响。因此，加强农业水资源管理和保护，推广节水灌溉技术和生态农业模式，实施土壤修复和保护工程，构建农业生态补偿机制，成为缓解资源约束、推动农业可持续发展的重要途径。

综上所述，我国农业的基本特征不仅体现在大国小农、人多地少的宏观层面，还深刻蕴含于经营分散与资源约束的微观维度。这些特征共同构成了中国农业发展的复杂背景与挑战，也为探索适合中国国情的农业现代化道路提供了重要依据。

（二）我国农业的发展现状

新中国成立以来，我国农业发展在不断探索中取得了举世瞩目的历史性成就。这些成就具体体现在以下三个方面。

一是农业经济保持良好态势。生产粮食产量连续9年保持在1.3万亿斤（1斤=0.5千克，全书同）以上，2023年全国粮食总产量达到13 908.2亿斤，比2022年增加177.6亿斤，增长率达到1.3%，全年

粮食产量再创历史新高。同时，全国粮食播种面积连续四年保持增长，猪牛羊禽肉蛋奶产量也均实现了不同程度增长。这些数据显示出我国粮食和重要农产品生产稳定、市场供应充足，为农业经济的持续发展奠定了坚实基础（王贵荣，2024）。

二是农业产业结构调整取得了显著成效，协调性显著增强。我国农业已从单一以种植业为主的传统模式，转变为农林牧渔业全面发展的现代农业。种植业生产也实现了由粮食作物种植为主，向粮经饲协调发展的三元种植结构转变。质量兴农、绿色兴农战略得以持续推进，优质农产品得以快速发展（国家统计局，2020）。

三是我国农业机械化水平也在不断提升，全国农作物耕种收综合机械化率达到73%，主粮作物收获已基本实现机械化（新华社，2024）。农业科技支撑能力同样持续强化，我国农业科技进步贡献率达到62.4%（央视网，2024），有效扭转了"靠天吃饭"的局面。

然而，在肯定成绩的同时，也应清醒地认识到，我国农业仍面临大而不强、多而不优的问题。农业基础不够稳固、历史欠账多、农业基础设施薄弱等问题依然突出。随着人口的快速增长，土地高强度利用开发，水资源、矿产资源等开采力度急剧加大，工业污染物肆意排放，加上风蚀、水蚀等侵害影响，导致我国水土流失严重，自然资源不断减少，生态环境形势依然严峻。

当前，我国仍处于发展中国家的国情依然没有改变，农业基础较为薄弱，导致农业无法及时向产业化及市场化转变。这主要归因于三点：一是存在粮食进口依赖，大豆对农业产业链有着重要的支撑作用，美国携手国际四大粮商垄断80%的粮食市场。此外，经济作物如油料作物和糖料作物也较为依赖进口。二是农业生产方式相对落后，与发达国家相比，我国在有机肥料循环使用、遥感、GPS、GIS等技术应用方面尚未大面积普及。三是我国农业资源利用效率不高，尽管我国地域辽阔，但水资源并不丰富，部分水资源受到严重污染，特别是江河湖泊的富营养化问题，影响了农业水资源的有效利用（伍思冰和韩慧连，2024）。

尽管近年来我国农业科技迅猛发展，科技创新能力持续攀升，但与农业发达国家相比，仍存在较大差距。核心种源、高端科研设备等仍依赖进口，农业资源利用方式依然粗放，资源浪费现象时有发生。同时，城乡发展不平衡、农村发展不充分问题依旧突出，面临的新问题新挑战也不容忽视。

因此，亟须进一步深化科技兴农助农，通过改造传统农业、转变农业发展方式、提高农业生产效率，来推进现代农业发展。只有这样，才能探索出一条符合中国特色的农业现代化道路，实现农业的可持续发展（张晓山，2019）。

三、科技创新成为现代农业发展的坚实支撑

（一）农业科技创新：现代农业发展的不竭动力源泉

在现代农业的广袤疆域中，农业科技创新犹如一股永不干涸的动力源泉，持续不断地引领传统农业向现代化、高效化的方向稳步迈进。随着工业化与城镇化加速推进，资源环境所面临的压力愈发显著，传统的农业增长模式已难以满足现代社会的多元化需求。在此背景下，农业科技创新成为破解农业发展困境、推动农业转型升级的关键性力量。

科技创新在农业领域的广泛应用，首先体现在农作物产量与品质的双重提升上。近年来，我国粮食产量连续多年保持稳定增长，即便在极端天气频发、自然灾害多发的严峻条件下，依然能够取得丰收的佳绩，这离不开农业科技的创新与突破。通过良田建设、良种选育、良机配套以及良法推广等一系列配套技术的广泛应用，农业科技工作者们不断挖掘农作物的增产潜力，有效提高了单位土地面积的产出率。同时，他们还充分利用现代科技手段，如精准灌溉、智能施肥、病虫害远程监测预警系统等，进一步改善了农作物的品质，更好地满足了市场对高品质农产品的迫切需求。

此外，农业科技创新在提高粮食生产效率和生产效益方面也发挥着

举足轻重的作用。相关数据显示，2022年，我国粮食播种面积达1.183亿公顷，粮食单产达到5 802千克/公顷，人均粮食占有量高达486.1千克，远远高于国际公认的400千克粮食安全线，粮食综合生产能力稳步提升（郑栅洁，2024）。然而，农业生产成本的持续上升也在一定程度上影响了农民种粮的积极性。为了有效破解这一难题，农业科技工作者们通过研发节本高效的生产技术，例如精量播种技术、模式化栽培技术、节水灌溉技术等，实现了农业生产的集约化、高效化发展。这些先进技术的应用不仅显著减轻了农民的劳动负担，降低了生产成本，还大幅提高了生产效率，有效增加了农民的收益。

科技创新在推动现代农业发展的同时，也深刻促进了农业产业结构的优化升级。随着生产方式的变革，我国农业生产实现了由"以种植业为主、以粮为纲"的高度单一结构向"农林牧渔全面、多元、协调发展"的历史转变。通过不断研发新品种、新技术，农业科技工作者们成功拓展了农业的生产领域，有效提高了农产品的附加值，为农民提供了更多元化的增收渠道。

（二）农业科技创新：建设农业强国的必由之路

建设农业强国，是实现农业现代化、保障国家粮食安全、推动乡村振兴的必由之路。2024年中央一号文件明确指出，要锚定建设农业强国目标，强化科技创新和改革双轮驱动，以加快农业农村现代化进程，更好推进中国式现代化建设（新华社，2024）。

首先，农业科技创新是保障国家粮食安全的关键所在。作为一个人口众多的国家，保障粮食安全始终是我国农业发展的首要任务。而农业科技创新正是提高粮食产量的重要手段。通过研发高产、优质、抗逆性强的农作物新品种，推广先进的耕作技术和灌溉技术，农业科技工作者们不断挖掘粮食增产的潜力，为保障国家粮食安全提供了坚实有力的支撑。

其次，农业科技创新是推动农业产业兴旺的重要动力。随着农业产业结构的不断优化升级，农业科技创新在推动农业产业兴旺方面的作用愈发凸显。根据中国海关总署统计数据，2023年我国粮食总产量达到69 541万吨，但粮食出口量仅为262万吨，而粮食进口量则高达16 196万吨，同比增长11.7%。其中，大豆进口量更是达到了9 941万吨，同比增长11.4%，是2014年大豆进口量的1.39倍。这一数据充分表明，我国农业在增强市场竞争力、开拓国外市场方面仍需依赖科技创新水平的提升。通过研发新品种、新技术，拓展农业的生产领域，提高农产品的附加值，农业科技工作者们为农民提供了更多元化的增收渠道。通过构建全产业链的现代农业产业体系，推动农业与第二、第三产业的深度融合发展，为农业产业兴旺注入了新的活力与动能。

最后，农业科技创新是提升我国农业国际竞争力的重要途径。在全球化的背景下，农业国际竞争日益激烈。而农业科技创新正是提升我国农业国际竞争力的重要手段。通过不断加强与国际先进农业科技的交流与合作，引进和消化吸收国际先进的科技成果，提升自身的创新能力，为我国农业在国际竞争中赢得更多的话语权和主动权。

（三）农业科技创新：人类社会发展的坚实基石

农业作为人类社会的基石产业，其发展状况直接关乎人类社会的稳定与发展。而农业科技创新，则是推动农业持续健康发展、保障人类社会稳定与进步的重要力量。

首先，农业科技创新满足了人民群众日益增长的消费需求。随着我国经济的持续快速发展和人民生活水平的不断提高，人们对农产品的需求也日益呈现出多样化、高端化的趋势。而农业科技创新正是满足这一需求的重要手段。通过研发新品种、新技术，提高农产品的品质和附加值，农业科技工作者们为人们提供了更加丰富多样的农产品选择。同时，他们还通过构建多元化食物供给体系，全方位、多渠道开发食物资源，有效满足了人们对优质专用型主粮、高端绿色型蔬菜水果、营养健康型肉蛋奶等多样化消费需求的追求。

其次，农业科技创新促进了城乡一体化发展。城乡发展不平衡是我国经济社会发展中的一个突出问题。而农业科技创新正是推动城乡一体化发展的重要力量。通过研发和推广先进的农业技术和设备，提高农业机械化和科技化水平，农业科技工作者们不断挖掘农村的潜力，提高农业经营效益和农产品附加值。这不仅带动了乡村就业创业和经济发展，还促进了城乡之间公共资源的均衡配置和生产要素的自由流动，推动了城乡统筹协调发展。

最后，农业科技创新还推动了农业可持续发展。在资源环境压力日益加大的背景下，农业可持续发展成为人类社会发展的重要目标。而农业科技创新正是实现这一目标的重要手段。通过研发和推广节本高效的生产技术和环保设备，减少化肥农药的使用量，降低农业面源污染；通过构建生态农业产业体系和推广循环农业发展模式等举措，农业科技工作者们不断探索农业可持续发展的新路径和新模式。这不仅保障了农业的持续健康发展，还为人类社会的稳定与进步提供了坚实的支撑与保障。

第二章
国内外农业科技发展规划与战略布局

在当今这个全球局势加速变革的时代,国际环境错综复杂,全球产业链与供应链正面临着重塑,不稳定性和不确定性显著增强。科技创新已成为国际战略竞争的核心领域,特别是在生物技术和信息技术等前沿科技领域,各国之间的竞争尤为激烈。发达国家正积极展开新一轮的战略布局,以保持其在科技领域的领先地位。面对全球局势的深刻变化,农业科技不仅是提升农业生产力的关键因素,更是推动农业强国建设和确保全球粮食安全的重要基石。因此,各国所制定的农业科技发展战略,将成为其实现农业强国目标的重要政策支撑。

一、国外农业科技发展规划与战略布局

(一)国外农业强国农业科技规划

全球农业正面临着粮食安全、气候变化、逆全球化以及人口变化等多重不确定性因素的挑战,各国正通过实际行动来提升农业生产系统的抗风险能力和气候适应能力。生物技术、信息技术、材料技术等领域的

快速发展，特别是基因编辑、合成生物、数字智能等关键核心技术的不断突破，正在加速推动农业产业的变革，使得科技竞争愈发激烈。

为了推动农业科技的发展，提升农业的竞争力，世界主要农业国家纷纷制订了符合本国农业科技发展需求的战略或发展计划。例如，美国国家科学院发布了《至2030年推动食品与农业研究的科学突破》战略，欧洲科学院科学咨询理事会（EASAC）发布了《欧洲农业及粮食和营养安全的研究机遇与挑战》报告，澳大利亚科学院发布了《农业科学十年计划（2017—2026）》，日本则提出了《农林水产研究创新战略2022》。此外，还有英国的《农业科技战略》、法国的《农业—创新2025计划》、"农业和数字化"路线图和"农业科技20强"计划、"法国农业科技"计划及《法国农业科学院（INRA）发展战略》等，德国的《高科技战略》《德国2035土地耕作战略》《国家生物经济战略》《农业数字政策未来计划》等，以及以色列的《鼓励资本投资法》《鼓励工业技术研究法》及《国家数字以色列计划》等。具体内容如表2-1所示。

表2-1 世界主要农业国家农业领域重要科技规划

国家和地区	发布时间	发布机构	规划名称
美国	2018年	美国国家科学院	《至2030年推动食品与农业研究的科学突破》
欧洲	2017年	欧洲科学院科学咨询委员会（EASAC）	《欧洲粮食与营养安全和农业研究的机遇与挑战》
澳大利亚	2016年	澳大利亚科学院农业、渔业与食品国家科学委员会	《农业科学十年计划（2017—2026）》
日本	2022年	日本农林水产省	《农林水产研究创新战略2022》
英国	2013年	英国商务创新与技能部、环境食品农村事务部和国际发展部	《农业技术战略》
法国	2016年	法国政府	《农业创新2025：创新和可持续农业的方向》
法国	2020年	法国农业科学院	《法国农业科学院（INRA）发展战略》
法国	2021年	法国农业和食品部	《法国农业科创计划》
法国	2022年	法国农业和食品部	法国"农业和数字化"路线图以及法国"农业科技20强"计划

（续表）

国家和地区	发布时间	发布机构	规划名称
德国	2006年	德国联邦政府	《高科技战略》
	2020年	德国联邦政府	《国家生物经济战略》
	2022年	德国联邦食品及农业部（BMEL）	《2035土地耕作战略》
	2022年	德国联邦食品及农业部（BMEL）	《农业数字政策未来计划》
以色列	2019年	以色列社会发展部、创新署等部门	《国家数字以色列计划》

1. 美国《至2030年推动食品与农业研究的科学突破》

美国发布的《至2030年推动食品与农业研究的科学突破》报告，深刻剖析了当前美国面临的主要挑战，并明确指出了未来研究的关键方向。在未来十年的食品和农业研究领域，美国将致力于三大核心目标：一是提升食品和农业系统的效率，二是增强农业的可持续性，三是提高农业系统对快速变化及极端条件的适应能力。这些目标不仅体现了美国食品和农业领域界对于关键研究挑战的共识，也具体涵盖了诸如提升作物生产系统中的养分利用效率、减少土壤流失与退化、利用遗传多样性推动作物改良、优化农业水资源的利用、提高食用动物的遗传特性、开发精确的畜牧生产系统、实现植物和动物疾病的早期快速检测与防控、监测食品源性病原体以及减少供应链中的食品损失和浪费等多方面的内容。

该报告提出了以下五大突破性机遇，并给出了相应的建议。

（1）跨学科研究与系统方法

通过深入理解食品和农业系统中各要素的相互作用，可以显著提升整个系统的效率、韧性和可持续性，并将科学、技术、人类行为、经济学和政策整合到生物物理和实证模型中。建议优先采用跨学科和系统方法，以解决农业领域最具挑战性的问题。

（2）传感技术

精确、可靠、可现场部署的传感器和生物传感器的开发与验证，将显著提升食品和农业各领域的快速检测和监测能力。建议开展专项计划,更有效地应用现有的传感技术,并开发新型传感技术以覆盖食品和农业各领域。

(3) 数据科学与农业信息学

数据科学、软件工具和系统模型的应用与集成,将为食品和农业系统的高级分析提供支持。为此,应启动相关计划,推动农业信息学这一新兴领域的发展,并促进信息技术、数据科学和人工智能在农业研究中的应用。

(4) 基因组学与精准育种

提高对重要农业生物进行常规基因编辑的能力,实现生产力和品质相关性状的精确快速改良。建议制定计划,利用基因组学和精准育种技术对重要农业生物进行遗传性状的改良。

(5) 微生物组

深入理解微生物组在农业中的重要性,并利用这些知识改进作物生产、提高饲料效率和增强抗逆抗病能力。建议启动专项计划,以加深对动物、土壤和植物微生物组的理解,并推动其在食品系统中的广泛应用。

此外,该报告还指出了多个有前景的重要研究方向。

一是作物。通过传统的遗传方法和靶向基因编辑,继续解析并引入作物植物的优良性状,同时去除不良性状。通过开发简便的转化和再生技术,实现所有作物植物的常规遗传修饰。通过开发新型传感技术来监测植物的胁迫和养分状况,并利用纳米技术、合成生物学和植物微生物组的应用,开发能够在需要时开启或关闭特定功能的动态作物,使其更好地应对环境挑战(如高温、寒冷、干旱、洪涝、病虫害及养分需求)。

二是动物农业。通过开发和使用传感技术及预测算法,采用数据驱动的方法实现更好的疾病检测和管理。利用与田间表型数据相关联的大规模基因型和序列数据集,结合基因组学、先进的生殖技术以及精准育种技术,加速家畜、家禽和水产养殖中的可持续性性状(如生育力、饲料效率、福利和抗病性)的遗传改良。确定可持续性和动物福利的客观衡量标准,并将其纳入精准畜牧系统,同时利用社会科学的研究,将这些科学发现转化为促进消费者对权衡取舍的理解，使其能够做出明智的购买决策。

三是食品科学与技术。通过改进加工和包装技术、传感器的设计和功能性以及"食品组学"（包括基因组学、转录组学、蛋白质组学和代谢组学）的应用，分析和/或改变食品的理想性状（例如，化学成分、营养价值、意图和非意图的污染，以及质量和感官属性）。通过开发、优化和验证先进的食品加工和包装技术，以更具成本效益和高效的方式提供更高的产品质量、营养保持、安全性和消费者吸引力，同时减少环境影响和食品浪费。通过利用新数据分析、数据集成和先进决策支持工具的开发，支持改进决策，提高食品的完整性、质量、安全性和可追溯性，同时减少食品损失和浪费。通过扩大对消费者行为、风险相关决策和实践的了解，增强消费者对食品生产、加工和安全处理创新的理解和接受度。

四是土壤。通过采用最佳农艺实践，结合新型传感技术、生物策略和综合系统方法，保持现有肥沃土壤的深度和质量，并恢复退化土壤。通过整合新型传感技术、数据分析、精准植物育种和土地管理实践，显著提高和优化养分利用效率（尤其是氮）。通过识别并利用土壤微生物组的能力来生产养分、提高养分生物利用度，并改善植物对环境胁迫和病害的抵抗力，创建更具生产力和可持续性的作物生产系统。通过在土壤科学、技术采纳和社区参与方面的融合研究，提高技术和实践的转移效率，帮助农民减少土壤流失。

五是水资源利用效率与生产力。通过在综合系统中实施多种节水技术，提升水资源利用效率。通过对水资源管理的预测性分析应用，降低用水量。通过改善植物和土壤特性，提高水资源利用效率，从而减少用水需求。通过使用可控环境和替代水源，提高水的生产力。

六是数据科学。通过构建强大的数字基础设施，加速创新，提供符合 FAIR 原则（可查找、可访问、可互操作和可重用）的农业食品数据集的开放访问。制定食品和农业研究中的数据科学战略，通过在食品和农业研究中采用和推动数据科学与信息技术的新发展，培育农业信息学这一新兴领域。通过对匿名化、价值归属及相关技术的投资，解决隐私问题，并激励食品和农业企业内的公共、私有及联合数据的共享。

七是系统方法。识别提升食品系统集成模型和决策支持工具的性能和应用的机会，并将系统思维和可持续性元素纳入农业—食品系统的各个方面（从教育到研究再到政策）。

2. 欧洲《欧洲粮食与营养安全和农业研究的机遇与挑战》

该报告从纵向（食品体系—气候—其他环境资源）和横向（农业—营养—健康）两个维度，对食品与营养安全进行了全面而深入的评估。在此基础上，报告精选出5个研究优先领域及相关科学问题：一是营养、食品选择和食品安全。此领域关注如何通过科学的营养指导，促进健康的食品选择，并确保食品安全。二是农用植物与动物。该领域着重于如何将基因组学研究成果应用于食品生产和动物健康，包括基因组编辑技术等。增进对海洋的认识和理解，支持可持续捕捞和海洋资源利用，探索海洋生物量供应潜力。同时，逐步了解与生物品质有关的遗传学和代谢组学知识，野生基因库资源的保护，对遗传资源进行测序，并探索新型育种方法。三是环境可持续性。此领域旨在评估整个食品体系的气候适应性，改造食品体系以减轻其对全球变暖的影响。促进对土壤微生物群落及其他功能的理解，加强土壤监测和管理。四是食物浪费。主要关注如何通过有效的措施减少食物浪费，提高资源利用效率。五是贸易与市场。分析贸易和市场动态，为欧洲粮食与营养安全和农业研究提供市场导向和支持。

3. 澳大利亚《农业科学十年计划（2017—2026）》

该计划在分析澳大利亚农业生产状况、未来发展目标和需求、科技发展前瞻等的基础上，确定了未来十年最有可能大幅提高农业生产力、生产效率以及可持续性的六个科学研究领域。

(1) 基因组学的开发与利用

该领域涵盖育种（基因组预测）、农业系统管理、植物—土壤相互作用、生物安全、病虫害控制、生物工业原料、食品质量与个性化营养、可追溯性、作物多样性保护及可持续性等多个方面。具体研究方向包括数据处理和分析（生物信息学），以及将基因序列与其对应表型相链接。探索更先进的基因编辑技术，并广泛地将分子工具应用于育种、病虫害控制、土壤微生物群结构及功能研究。

（2）农业智能技术

该领域涵盖农业控制论、传感器及网络、机器人与自动化系统等研发。这些技术主要应用于农场管理（如作物与畜牧生产、园艺、管理和加工）、动物精准饲喂、收割、早期疾病检测以及可持续性管理。

（3）大数据分析

该领域可应用于农场管理（包括作物生产、畜牧业和园艺、管理和加工）、流域管理及可持续性领域。具体研究方向包括农业大数据管理与分析、农业物联网和传感技术、精准农业与智能决策系统。

（4）智能化学领域

该领域包括可应用在土壤养分状态的实时测量、饲料转化率的实时测量、用于作物生产的生物聚合物、新型农药和除草剂、废物回收等领域的技术。未来的研究方向包括新一代农用化学品开发、智能化肥料与营养释放系统、土壤与饲料转化的实时测量技术、聚合物与涂层技术的应用以及智能传感器与自动化检测系统等。

（5）应对气候变化

该领域成果主要应用于国家和区域气候情景及本地季节内气候预测以及农场和流域管理。未来的研究方向可能是气候预测与农业系统集成、针对特定农作物或牧草生长等开发定制的气候预测工具、农业生产系统的适应性管理以及气候模型和决策支持系统的改进。

（6）代谢工程/合成生物学

该领域成果主要应用于植物新型产品、可再生工业原料、废物和副产品的再利用。未来的研究方向包括新型作物性状开发、可再生工业原料生产、开发环境友好的农用化学品、设计合成微生物以及构建复杂生物合成途径等。

4. 日本《农林水产研究创新战略 2022》

该战略设定了多个阶段性目标。其中，2030 年的目标包括：与 2000 年相比，相关粮食损失减少一半；将食品制造业的劳动生产率提高 30% 以上；将食品批发业务占销售额的比例降至 10%；确保食品企业可持续地进口原料；使优良树种等占林业苗木的比例扩大至 30%；渔业产量恢复到与2010年相同的水平（444万吨）。2040年的战略目标包括：确立高层木结构技术和木材碳储存最大化的技术；确立农林机械、渔船的电气化、氢化等技术。而到2050年，该战略的目标更为远大：使优良树种等占林业苗木的比例扩大至90%以上，实现农林水产业二氧化碳零排放；完全过渡到不使用化石燃料的园艺设施；与日本的可再生能源发展进程相协调，在农村地区引入可再生能源；化学农药使用量减少50%（按成本换算）；化肥用量减少30%；在全部耕地中将有机农业的耕种比例扩大至25%；2050年鳗鱼等水产养殖人工苗率达到100%，并将鱼饲料转化为复合饲料。

5. 英国《农业技术战略》

该战略旨在通过规划长期的农业科技发展蓝图，推动农业科技的持续进步、农业科研成果的有效转化以及农产品出口的增长。自施行以来，该战略已成为英国现行的核心农业科技政策，并构成了该国农业科技创新体系的关键内容。现阶段，英国已设立了四个国家农业创新中心，专注于农业信息技术、精准农业、农业作物管理以及畜牧养殖技术等前沿领域。该战略的愿景是将英国塑造为农业技术创新和可持续农业领域的全球领跑者，致力于维护全球食品安全并拓展国际农产品市场。具体而言，《农业技术战略》确立了七大目标：一是投资7 000万英镑于"农业科技孵化器"，加速农业科技研究成果向应用技术的转化；二是投资9 000万英镑于农业创新中心，以支持新技术和工艺的开发与引进；三是深入挖掘农业数据信息，并建立农业信息和环境可持续性度量中心，旨在使英国在该领域成为全球领导者；四是成立农业技术领导委员会，统筹农业科技发展，为农业产业提供更为有力的指导；五是吸引并留住一支能够将农业技术从实验室成功应用于农田的专业人才队伍；六是提高公众对支出以及产业研究基金增加方式的理解，同时增强公共支出的透明度；七是提升英国农产品的出口表现及国内投资效益。

6. 法国《法国农业科学院（INRA）发展战略》

该战略优先关注食品健康、温室气体排放、生物技术、农业生态系统以及全球粮食安全等科研主题。其科研重心在于强化生物学预测能力，如基因组学和生物多样性研究等。法国农业和食品部部长公布了法国"农业和数字化"路线图以及"农业科技 20 强"计划（MEFR French Tech Agri 20，2022），旨在实现法国"2030 投资"计划中农业领域的既定目标——加速创新解决方案的部署，以保障国家的粮食主权。

法国农业和食品部于 2021 年 8 月 30 日发布了农业科创计划，拟在五年内投入 2 亿欧元，以支持法国农业领域的创新项目。该计划脱胎于法国政府支持初创企业、具有广泛国际影响力的"法国科创"（French Tech）品牌项目，致力于助力农业初创企业成长为行业翘楚。目前，该计划已率先启动了"为农业生态转型而创新"和"响应未来食品需求"两个专题项目的招标。在法国"2030 投资"计划的指导下，"法国农业科创"还面向 2030 年设定了以下目标：培养 10 家法国农业科技独角兽企业，建立 5 个规模为 2 亿欧元的启动阶段基金，以及推进农业减排等。

在"农业和数字化"路线图中，数字技术是法国未来五年农业发展的重中之重。该路线图围绕七大优先事项展开：一是加强农业教育等领域的数字技术培训；二是动员农业研发部门利用数字技术进行农业生态转型；三是保护和开发农业数据管理；四是支持"法国农业科创"认证企业的创新项目与产业化进程；五是帮助"法国农业科创"的制造商克服监管障碍；六是发挥数字技术在食品链中的价值；七是支持"法国农业科创"为农民提供所需工具。

"农业科技 20 强"计划则旨在每年遴选出 20 家最具发展潜力的农业科技初创企业，并将其培育成行业冠军。该计划鼓励符合条件的初创企业积极申报，要求这些企业的产品或服务需实现突破性创新，提供差异化解决方案，并能大规模推广。同时，这些企业还需符合未来挑战解决方案的重点方向，如可持续与健康友好型食品、可持续农业系统和用于生态转型的农业设备、未来农场、种植养殖企业、建筑木材以及农业中非食品用途的生物经济等。

7. 德国《高科技战略》《2035 土地耕作战略》《国家生物经济战略》

德国《高科技战略》中与农业相关的高科技战略涵盖了生物技术、能源技术以及信息与通信技术等方面。而德国《2035 土地耕作战略》

则聚焦于数字化，该战略基于移动电话和全球定位系统，旨在促进现有技术的应用，并研发有效利用新资源的方法。其数字化行动包括扩大移动网络覆盖范围、建立独立的用于评估数字应用的"质量控制机构"、开发用于土壤耕作、施肥和植保的创新数字技术以促进土壤健康、推动中小型农场和规模化农场的技术应用、为数字技术应用建立法定框架条件、实现全国范围定位系统实时动态覆盖以确保农民获取公共数据、在德国各地建立新技术测试站点以及审查建立农民"数据主权"的先决条件等。

德国《国家生物经济战略》强调了数字化与仿真相结合的潜力。该战略包括提高对系统建模的理解，以及生物技术处理监测与控制、智能传感器技术、人工智能、自动化、小型化、流程步骤并行化和高通量分析等优先事项。此外，该战略还致力于促进数据协调、强化数据管理系统、改进用户界面、建立数字化开发和实施标准以及使用大数据量化生物经济措施对整体经济的影响。

8. 以色列《国家数字以色列计划》

在该计划中，以色列将人工智能与社会融合视为推动"智能"国家建设的核心任务。在智慧农业战略方面，该国基于水资源管理、大数据、无人机和传感器等现有研究优势，为农民提供了完整的解决方案，实现了包括灌溉、施肥和病害虫控制等多种功能的智能化管理。温室技术已完全实现智能化与自动化，从播种到收获的全过程均由电脑控制。通过运用水肥一体化技术，灌溉与施肥得以同时进行。此外，温室内的气温、湿度、空气净化通风、防虫以及遮光（反光）等植株所需条件环境均可自动模拟和控制，从而降低了花卉、蔬菜等农作物的生病率，提高了产量，并确保了产品的安全性。

此外，以色列各农场正在建立互联网农业，积极推进微型卫星、无人机以及带有长寿命电池的传感器的应用，以推动农业数字革命。在农业系统中，智能手机和智能软件得到了广泛使用。田间传感器与手机相连，农民通过手机即可控制田间生产。

(二) 国外农业科技发展战略布局分析

1. 共性部署领域

国外主要农业强国在战略部署上展现出诸多共性，这些领域涵盖：现代生物技术（诸如基因组学、基因编辑技术）、智慧农业（包括农业智能技术、生物传感器等）、农业环境的可持续发展、资源的高效利用与绿色增长、合成生物技术的战略部署，以及农业碳中和的加速推进。这些战略部署对全球农产品贸易格局产生了深远的影响。

（1）现代农业生物技术

研究聚焦于如何将基因组学的研究成果应用于食品生产和动物健康领域；利用新型育种技术培育具有更高营养特性的新品种；通过生物遗传改良，提升农业动植物对环境的适应能力。在畜禽健康、养殖及福利方面，精准畜牧业正积极采纳基因组学、基因编辑及生物传感器等技术，促进畜牧业的跨学科融合与应用。以基因组学为核心的现代农业生物技术，特别是生物育种技术的迅猛发展，正引领农业产业的新一轮绿色革命。基因编辑、转基因、全基因组选择等生物技术（BT）与大数据、人工智能等现代信息技术（IT）的深度融合，构建了以 BT+IT 为典型特征的高效农业生物育种技术体系，推动了现代育种技术的快速迭代与变革。

（2）智慧农业

美国、英国、澳大利亚、法国、德国、日本等国在智慧农业领域进行了广泛的布局，相继出台了诸如"国家人工智能研发战略计划"、产业战略白皮书、农业 4.0 手册、农业创新 2025、数字农业、社会 5.0 等一系列政策文件。据预测，2015—2025 年，全球智慧农业的市值将达到 683 亿美元。智慧农业融合了智能农业装备、智能传感器系统、智能无人机、智能机器人及软件等关键技术，以信息和知识为核心要素，通过互联网、物联网、大数据、人工智能及智能装备等现代信息技术与农业的跨界融合，实现了农业生产全过程的信息感知、定量决策、智能控制、精准投入及个性化服务，是推动农业实现绿色、高效、优质及安全的重要途径。智慧农业所涉及的农业智能技术包括农业控制论、传感器及网络、机器人与自动化系统等研发，主要应用于农场管理（如作物与畜牧生产、园艺、管理及加工）、动物精准饲喂、收割、早期疾病检测及可持续性管理等领域。

（3）农业环境可持续发展、资源高效利用与绿色增长

科技创新已成为驱动现代农业发展的核心力量，技术进步对提升土地产出率、劳动生产率及资源利用率的推动作用愈发显著。面对人口结构、气候变化及资源短缺等挑战，世界主要农业强国已将农业科技创新提升至国家发展战略层面，加强农业优先领域的发展，以期抢占未来农业科技发展的制高点。减少农业污染、适应及减缓气候变化已成为各国农业发展关注的重点，涵盖资源环境及新能源、新材料技术的应用，加速低碳循环农业的发展，推动实现碳中和目标。

（4）食品安全与高质量研发

运用宏基因组学、转录组学、蛋白组学及营养代谢组学技术为基础的分子营养组学技术，创造更加营养、健康的食品，推动食品工业向营养健康方向转型（陈君石，2023）。同时，利用农产品营养品质技术，引导消费者选择天然、营养及健康的食品。

（5）合成生物技术

作为公认的颠覆性技术，合成生物技术集成了大数据生物信息分析、基因组编辑、细胞全局扰动及代谢工程等技术手段，对农业生物进行基因组水平的定向改造与重组，将深刻改变农业生产和产业组织形式。全球合成生物市场呈现出高速增长的态势，市场规模从2019年的53亿美元增长至2020年的68亿美元，并预计将在2025年突破200亿美元。随着合成生物核心技术的不断迭代与发展，其应用市场正逐步扩展至农业、食品等传统行业，市场增速超过60%。合成生物技术在农业领域的应用，将为解决全球性农业生产难题提供革命性方案，培育农业碳经济和氨经济等生物经济新形态，引领细胞农业、低碳农业及智能农业等新动能和新业态的革命性变革，成为国际农业科技战略竞争的前沿领域。

（6）数据科学的应用

致力于构建农业食品可发现、可获取、可互操作及可再用（FAIR）的

数据集成平台，鼓励企业间共享公共数据、私有数据及辛迪加数据，制定食品和农业研究的数据科学战略，加强数字基础设施建设，以促进农业食品信息领域的深入发展。同时，加强土壤研究以理解和量化土壤在碳封存及缓解气候变化等方面的潜在价值；促进对土壤微生物群落其他功能的理解，如探索其作为新抗生素来源的可能性；加强土壤监测与管理，以减少环境负荷。

2. 特色布局

美国、欧洲以及澳大利亚等地区，凭借其丰富的农业资源和广袤的土地，加之相对稀少的人口，使得农场规模得以扩大，农业科技的发展方向也随之转向规模化、机械化以及高技术化。美国自第二次世界大战前后至20世纪70年代，成功完成了从传统农业向现代农业的转型。在实现农业现代化后，随着计算机技术和生物技术的广泛应用，相继涌现出"精准农业"和"基因农业"等新型农业模式。澳大利亚作为典型的地广人稀国家，其农牧业用地高达4.8亿多公顷，约占国土面积的63%，且90%以上的农用地为天然草场。这使澳大利亚的畜牧业在农业中占据明显优势，同时，生物防治也成为澳大利亚农业研究的重要领域。澳大利亚一个农民所生产的粮食和天然纤维，足以满足293人的需求，其农业生产率比美国高51%，比英国高155%。澳大利亚农业之所以能取得如此成就，除了拥有丰富的农业生产资源外，其高水平的农业技术也是关键因素。

美国农业科技战略特色布局：一是跨学科的系统研究方法。该方法旨在通过跨学科的研究，深入理解农业与食品体系中各部分之间的相互关系，进而提高体系的整体效率、弹性和可持续性。二是微生物组技术。充分利用农业微生物组技术，以改进农作物生产，提高饲料转化率，并增强对病害和非生物胁迫的抗性。

欧洲农业科技战略特色布局：一是营养、食品选择与食品安全。重点关注饮食选择的动机、消费者需求及行为改变，探讨创新性食品与饮食的接受度，分析高热量饮食的成本动因，并引入激励健康营养饮食的新措施。同时，明确可持续、健康饮食的定义及其可持续性衡量标准，探究个体对营养的反应机理及其与健康的关系。二是加强研究对接。促进营养、食品科学和技术、公共部门与产业之间的研究合作,并评估如何使食品体系更具营养敏感性。三是食品安全与污染分析。分析食品污染源特征,明确其他政策目标可能引发的潜在食品安全问题,例如废料回收利用,并编制食品产地及质量分析检测手册。四是健康饮食与气候影响。评估联合国气候变化大会对家畜饲养和肉类消费的影响,及其与健康饮食标准推荐之间的脱节问题。五是食物浪费与循环经济。收集食品系统废弃物及干预措施有效性的数据,确保新食品科技在食品加工和减少食物浪费方面的应用,并评估其对相关循环经济和生物经济政策目标的影响。六是贸易与市场分析。加强贸易流通和价格等数据的收集、规范和分析,调查极端事件与价格波动性之间的联系,评估农产品市场监管政策工具的效力,以及全球商品市场和当地食品体系之间的价格传导。

澳大利亚农业科技战略特色布局:一是大数据分析。利用大数据进行信息挖掘与决策研究,主要应用于农场管理、流域管理及可持续性管理。研究方向涵盖基于数据的知识发现和循证决策,开发分析技术和专门模型以及人工智能的应用。二是绿色可持续化学。开发新一代高效无毒特异性农化产品、化学封装系统以及实时检测或传感技术,主要应用于实时土壤养分测定、饲料转化率测定、作物生产用生物聚合物、新型农药和除草剂、废弃物回收等领域。三是应对气候变化。开发管理策略和遗传改良方法,进行定制化气候预测,主要应用于国家和区域气候状况预测以及农场和流域管理。四是代谢工程/合成生物学。针对植物保护与生长、工业应用等性状开展研究,主要应用于开发植物新产品、可再生工业原料,以及废弃物与副产品的再利用。

英国、法国和德国的农业科技发展展现了生产集约加机械技术的复合发展模式。法国农业以中小农场为主,通过农业生产专业化和一体化实现了农业的现代化。德国作为高度发达的资本主义国家,其农业的高度机械化显著提升了生产效率。

英国农业科技战略特色布局:投资7 000万英镑用于建立农业科技孵化器(Agri-Tech Catalyst),将农业科技研究成果转化为应用技术;投资9 000万英镑于农业创新中心,支持开发和引进开发新技术和工艺；深入挖掘农业数据信息并建立农业信息和环境可持续性度量中心，使英国成为这个领域的全球领导者。

法国农业科技战略特色布局："法国农业科创"面向2030年设立如下目标。培养10家法国农业科技独角兽企业，建立5个2亿欧元的启动阶段基金以及农业减排等。农业和数字化路线图围绕7个优先事项展开。一是加强农业教育等方面的数字技术培训；二是动员农业研发部门使用数字技术进行农业生态转型；三是保护和开发农业数据管理；四是支持"法国农业科创"认证企业的创新项目与产业化进程；五是帮助"法国农业科创"的制造商克服监管障碍；六是发挥数字技术在食品链中的价值；七是支持"法国农业科创"提供农民所需工具；法国"农业科技20强"计划，每年遴选20家最有发展潜力的农业科技初创企业，将其培养成行业冠军；符合未来挑战解决方案的重点方向：可持续与健康友好型食品、可持续农业系统和用于生态转型的农业设备、未来农场、种植养殖企业、建筑木材、农业中非食品用途的生物经济。

德国农业科技战略特色布局：德国《2035土地耕作战略》12个行动领域之一数字化，基于移动电话和全球定位系统，促进现有技术应用，研发有效利用新资源方法。数字化行动包括扩大移动网络覆盖范围；建立独立的，用于评估数字应用的"质量控制机构"；开发用于土壤耕作、施肥和植保的创新数字技术，促进土壤健康；促进中小型农场、规模化农场技术应用；为数字技术应用建立法定框架条件；实现全国范围定位系统实时动态覆盖，确保农民获取公共数据；在德国各地建立新技术测试站点；审查建立农民"数据主权"先决条件。德国《国家生物经济战略》强调数字化与仿真相结合的潜力，该战略包括提高对系统建模的理解；生物技术处理监测与控制、智能传感器技术、人工智能、自动化、小型化、流程步骤并行化和高通量分析等优先事项；促进数据协调；强化数据管理系统；改进用户界面；建立数字化开发和实施标准；使用大数据量化生物经济措施对整体经济的影响。

日本、以色列等国家发展"节地型"现代农业，在农业产地环境、生产过程、产品质量、仓储物流、精深加工等方面形成并推广以技术标准化为基础的发展模式，实现农业产业发展的精细化，已成为现代农业未来发展的趋势。

日本农业科技战略特色布局：研究可立即普及的技术，通过普及已开发的智能技术减少化学农药和化肥的使用量；重点支持农业领域的初创企业。利用人工智能（AI）技术检测出农作物的病变部位，并精准施药；配备土壤传感器的水稻插秧机，减少使用化学肥料；技术研发完成后可快速普及的技术，通过战略研发计划（SIP）等计划，研发并推广能够降低环境负荷的相关技术。如能够实现除草机械化和有机化的"种植机"，能够减少使用化学农业的 AI 除草机。

以色列农业科技战略特色布局：以色列作为一个水土资源匮乏的沙漠国家，在温室控制技术、节水灌溉技术、水肥一体化技术等方面建立严格的标准体系，实现了精细化发展转变，农业光温水资源高效利用，土肥水资源利用率达到 90% 以上，处于世界领先水平。以色列将人工智能与社会融合作为推动"智能"国家建设的核心任务，发展智慧农业是其农业主要的战略。

3. 研发机构与企业协同创新

在研发模式选择上，倾向于研发机构与企业之间的协同创新。这一模式的根本目的在于有效削减研发成本，同时促进研发需求与市场的深度融合。研发机构与企业的协同创新为多方带来了显著的益处，涵盖了农场、国际农业技术公司、食品加工制造零售商、农业科技风险投资者、研究人员、消费者以及全球新兴市场等多个层面。

农场与农业科教部门之间的联系得以加强，农场能够更便捷地获取农业科教部门的技术与知识，并向研究人员提出自身需求。此外，农场也获得了更为畅通的国内与国际市场准入渠道，出口机会也随之增多。对于国际农业技术公司而言，它们能够在积极的政策环境中运作，拥有训练有素的熟练工人，供应链关系更为稳固，从前期的研发到后期的技术发展都与研究机构保持着紧密的合作关系，从而顺利进入全球市场。食品加工商、制造商和零售商则能够在双赢的基础上构建起更为强大且灵活的供应链，确保优质原材料的持续供应，更便捷地接触农业创新研究成果，并获得更多的技术支持。农业技术风险投资者在政府支持下进行早期的去风险投资。研究人员在研究成果市场化方面能够获得更多的资金支持，与企业及第三方（包括慈善基金会、志愿组织和社会型企业）的合作机会也随之增多，成果转化机制更为明晰，同时也拥有了更多的工作机会和认可。消费者则能够拥有更多健康食品的选择，以可承受的价格获得更多可持续且环境友好的产品，并获取更多的食物来源信息。新兴市场则能够接触到农业科研基地，了解新技术、新方法和创新的贸易方式，从而更好地应对全球农产品贸易的挑战。

4. 政策补贴

为了推动农业领域的发展，世界各国纷纷制定并实施了不同程度的农业补贴政策。这些补贴政策在支持与保护农业领域发展方面发挥了重要作用，对于稳定农产品价格、促进农业生产以及增加农民收入等方面具有深远的意义（许荣，2020）。

美国政府自1933年颁布《农业调整法》起，便以价格支持和限产措施为核心，对农业补贴政策进行了持续修订与完善。20世纪60年代，美国开始减少价格支持，转而实施"直接收入补贴项目""土地储备补贴项目"和"休耕补贴计划"。2002年，《农业安全与农村投资法》进一步加大了农业补贴力度，建立了以收入支持为主导的补贴体系。2012年，农业保险的覆盖范围得到了扩大。2014年的《食物、农场及就业法案》提出增加农业保险投入，并扩大了农业灾害补贴的范围。2018年，《农业提升法案》为应对农产品价格持续下跌和农民收入下降的问题，采取了多项政策措施加大补贴力度。

英国农业虽然在本国经济和全球范围内所占比重不大，但是其农业现代化水平较高，生产结构和地理分布保持相对稳定，这很大程度上得益于英国政府的积极政策引导。从20世纪70年代的"鼓励生产"型农业补贴政策，即补贴金额与产量直接挂钩，到80年代的"控制生产"型农业补贴政策，旨在减轻财政补贴压力和缓解农产品过剩问题，再到21世纪后支持农户收入和引导农业可持续发展的绿色农业补贴政策，英国农业补贴政策对英国现代农业的形成发挥了显著的引导作用。如今，英国农业补贴政策仍在不断调整，旨在平衡农业环境可持续性要求和日益增长的食物需求，日益强调农业的多功能性和可持续性，致力于农村的全面发展。

法国当国内或国际农产品价格不利于本国农业发展和农民生产积极性时，政府便会通过补助金形式支持农产品价格，以促进农业生产的发展和调动农民的积极性。同时，政府还为农业经营者提供低息贷款政策，农场主扩大农场经营、购买农机具和耕地所需资金均可向政府申请低息贷款。此外，法国政府还高度重视农业科学研究和农业教育的普及工作，并通过财政措施和经济优惠办法鼓励农民互助合作，成立农业合作社。

日本政府自 20 世纪 60 年代初起，便开始对农民种植稻米、小麦和大豆等关乎粮食安全的作物实行直接补贴。日本农业补贴制度的发展可划分为三个阶段：明治维新至第二次世界大战时期的农业保护主义政策、第二次世界大战后恢复时期的农业补贴政策以及近期的农业补贴政策。

5．稳定支持

农业支持总量（TSE）是衡量对农业部门支持程度的关键指标，它反映了纳税人和消费者每年向农业部门转移的全部支持量。自 2000 年（以下简称基期）以来，发达经济体的 TSE 水平基本维持在基期附近，对农业的投入总量并未出现显著下滑的趋势。

根据联合国粮食及农业组织（FAO）提供的数据，可以清晰地看到 2017—2019 年，各国 TSE 占本国农业总产值的比例情况：美国为 26%，欧盟同样为 26%，澳大利亚为 5%，法国和巴西均为 4%，而韩国高达 59%，日本也达到了 56%。在单位耕地面积补贴金额方面，美国为 539 美元，澳大利亚为 74 美元，巴西为 98 美元，日本则高达 9 903 美元，韩国更是达到了惊人的 16 024 美元。与此同时，中国在 2017—2019 年 TSE 占农业总产值比例为 17%，单位耕地面积补贴金额为每公顷 1 654 美元。值得注意的是，中国在 2010 年后的 TSE 水平出现了大幅增长，这一增长幅度远超欧盟、美国、澳大利亚、日本、韩国等发达经济体，这充分表明中国农业正处于快速发展的黄金时期，对农业的经济投入在持续加大。

自 2006 年中国全面取消农业税以来，政府对农产品的直接补贴力度显著增强，这直接推动了中国农业支持总量的快速增长。在此背景下，中国的 TSE 由基期的 232 亿美元大幅上升至 2020 年的 2 057 亿美元，这一增长轨迹不仅彰显了中国政府对农业发展的高度重视，也预示了中国农业未来更加广阔的发展前景。

6. 法律保障

国外农业强国科技战略的顺利推进与实施，很大程度上得益于它们制定并执行了相应的法律。法制化和程序化已成为当今各国在科技规划（计划）制定、实施以及评估过程中共同遵循的准则。

美国自1933年颁布《农业调整法》起，至2018年颁布《农业提升法案》止，共计颁布了18部农业法案。这些法案涵盖了农业生产、食品和营养保障、农业资源和生态环境保护、农产品对外贸易以及农业保险等多个领域，为美国农业政策的制定和实施提供了坚实的法律基础（许荣，2020）。

欧盟的共同农业政策CAP（Common Agricultural Policy）自1962年推出以来，经历了多次修订，逐步降低了欧洲经济共同体EEC（European Economic Community）预算成本（中国种植业信息网，2023）。CAP的长期目标包括提高安全、高质量食品的产量，保护自然环境，以及平衡区域发展。自20世纪90年代以来，CAP更是将促进绿色生态农业发展作为了重点（曾哲，2020）。

澳大利亚政府对一些农业企业实行免税政策。例如，对一些新兴的、具有发展潜力的农业企业实行免税政策，如5年内免税、减半缴税等，以激励这些企业扩大生产规模、投资研发，并提高其科技含量。通过资金补贴的方式，向符合条件的农业企业提供资金支持。其补贴方式通常有：直接拨款、贷款、担保贷款、利息补贴等方式。这些补贴资金可以用来提高生产效率、改善产品质量、提高销售额等。此外，澳大利亚政府对于农业企业的所得税、房屋税、车辆税、水电气费等方面都会给予一定程度的税收优惠，以减轻农业企业的财务压力，促进农业企业的发展。澳大利亚政府制定了一系列的政策引导措施，鼓励农民生产符合市场需求的优质农产品。例如，对于生产有机食品、绿色食品等农产品的企业，澳大利亚政府可以给予一定的资金补贴或税收优惠的政策引导。

日本1961年出台的第一部对农业发展具有深远意义的《农业基本

法》，1999年出台《食品、农业和农村基本法》等法律，通过调整农业产业结构、推进农业现代化进程，促进农业生产和农民增收。日本政府推出农业发展方面的法律为日本农业补贴制度的转变提供了法律依据，使补贴逐渐由生产、流通领域转向支持农业基础设施建设和农业公共服务。

法国在农业发展方面的法律体系同样值得借鉴。《农业指导法》确立了农业与其他行业在社会经济领域的平等关系，并关注了农民的主体地位和个人利益。后续颁布的《农业指导补充法》则进一步确立了农业的优先发展地位。20世纪60年代至今，为响应欧盟号召，法国国民议会对《农业指导法》多次作出补充修改，提出要发展重生态、多功能的可持续型农业。在农村发展方面，法国陆续颁布《土地指导法》《乡村整治规划》《乡村地区发展法》等多部法律法规，积极推动乡村土地的均衡化整改和乡村功能的多样化拓展，加大对乡村地区的资金投入，鼓励农民利用当地资源发展特色产业。法国政府也越来越重视对乡村环境的保护，1999年、2000年相继颁布的《可持续发展法》和《环境法典》。除此之外，法国作为欧盟成员国，其国内乡村发展政策必须与欧盟农村法律体系保持一致，2009年法国内阁会议审议通过了《2010—2015年法国农村发展实施条例》，标志着法国农业农村政策与共同农业政策（CAP）的全面接轨。这些法律法规为法国乡村振兴指明了前进的道路，提供了有效的制度支撑，让法国农业农村发展真正做到了有法可依。

德国在农业保障政策方面同样较为完善。为扩大农业生产规模，推进土地流转，于1955年颁布了《农业法》，鼓励在非农部门就业的农村人口出让土地，以扩大农业生产规模。1957年颁布的《农民老年救济法》明确规定要为农民提供养老保险。1969年通过颁布《市场调整法》对规模经营主体进行低息贷款，针对生产和收入基础薄弱的农户采取措施鼓励其改行或提前退休。资助农户迁入人烟稀少地区建立新的大规模农场。19世纪80年代以来，德国对因产量限制而遭到损失的传统农民提供财政补贴。农业知识产权受《专利法案》（1936年颁布，1980年修正）保护，农业科技创新活动活跃。德国政府于2007年4月推出旨在加强知识产权保护的"预防战略"，营造农业企业创新环境，促进知识经济发展。

二、中国农业科技发展规划与战略布局

在全球环境复杂多变、日新月异的当下,发展中国家正面临着前所未有的机遇与挑战并存的局面。为了加速农业现代化进程,确保粮食安全和农业可持续发展,进而提高国家的整体竞争力,这些国家亟须通过强化农业科技创新来寻求突破。农业现代化,其核心在于农业科技的现代化。

自党的十八大以来,我国的农业科技实力持续增强、国际竞争力也显著提升,为农业农村的全面进步与发展注入了强大的动力。当前,新一轮科技革命和产业变革正以前所未有的速度推进,科学研究范式正经历着深刻的变革,学科之间的交叉融合日益紧密,科学技术与经济社会发展的融合渗透也在不断加速,全球科技竞争愈发激烈。在此背景下,实现高水平的农业科技自立自强,已成为我国农业发展的战略选择。

为了积极应对这一全球科技竞争的新态势,我国各级政府以及相关科研院所积极响应国家发展战略,紧密围绕农业现代化目标,出台了一系列具有前瞻性、指导性和实践性的农业科技规划(表2-2)。这些规划不仅为我国农业现代化发展提供了清晰的思路和明确的方向,还通过政策引导、资金支持和人才培育等措施,促进了农业科技创新成果的快速转化与应用,进一步推动了我国农业科技自立自强战略的深入实施。

表2-2 近年我国农业领域重要科技规划

发布时间	发文机构	规划名称
2009年9月	中国科学院(农业领域战略研究组)	《中国至2050年农业科技发展路线图》
2013年5月24日	农业部	《全国农业科技创新能力条件建设规划(2012—2016年)》
2016年8月8日	国务院	《"十三五"国家科技创新规划》
2017年3月7日	中国工程院	《中国工程科技2035发展战略》

(续表)

发布时间	发文机构	规划名称
2017年6月16日	科技部等16个部门	《"十三五"农业农村科技创新专项规划》
2018年1月22日	科技部、农业部、水利部、国家林业局、中国科学院、中国农业银行	《国家农业科技园区发展规划（2018—2025年）》
2019年4月26日	科技部	《国家中长期科学和技术发展规划（2021—2035年）》
2019年10月12日	农业农村部	《全国农业科技创新能力条件建设规划（2016—2020年）》
2021年6月8日	浙江省发展和改革委员会、浙江省农业农村厅	《浙江省农业农村现代化"十四五"规划》
2021年9月2日	江苏省人民政府办公厅	《江苏省"十四五"科技创新规划》
2021年9月7日	广东省人民政府	《广东省推进农业农村现代化"十四五"规划》
2021年9月13日	山东省人民政府	《山东省"十四五"现代农业科技创新规划》
2021年11月12日	国务院	《"十四五"推进农业农村现代化规划》
2021年12月29日	农业农村部	《"十四五"全国农业农村科技发展规划》

（一）国内农业科技规划

国家级规划在推动我国农业科技发展中扮演着至关重要的角色，它不仅是整个农业领域的行动指南，也是引导资源配置和优化布局的核心工具。这些规划着重于构建农业科技发展的坚实平台，致力于完善农业科技创新体系，引领农业发展的未来方向。通过国家层面涉农科技规划的宏观指导，能够有效整合各方资源，促进科技创新要素的集聚与协同，为我国农业科技的持续进步和农业现代化进程的加速提供有力支撑。

1. 国务院《"十三五"国家科技创新规划》

"十三五"时期，国务院出台的《"十三五"国家科技创新规划》，是国家在科技创新领域的重点专项规划，更是我国迈进创新型国家行列的行动指南，同时为我国未来农业科技进步指出了重点领域和研究方向。

(1) 国家科技重大专项：转基因生物新品种培育

①致力于提升作物在抗虫、抗病、抗旱及抗寒方面的基因技术研究水平，加大对转基因棉花、玉米及大豆的研发投入，推进新型抗虫棉、抗虫玉米和抗除草剂大豆等关键产品的产业化进程。

②强化基因克隆技术、转基因操作技术以及生物安全新技术的研发工作。在水稻、小麦等主要粮食作物上，重点扶持利用非胚乳特异性表达、基因编辑等新技术进行性状改良的研究，力求使我国农业转基因生物研究整体水平跃居世界前列，为国家的粮食安全保障提供品种和技术储备。

③构建规范、完善的生物安全性评价技术体系，确保转基因产品的安全性不受影响。

(2) 重大工程：种业自主创新

聚焦于农业领域的四大核心种业分支——农业植物、动物、林木及微生物，着力攻克杂种优势利用、分子设计育种等现代种业关键技术，以此作为国家粮食安全战略的坚实后盾。通过在这些关键领域的重大突破，为国家粮食生产的持续稳定与自给自足能力提供强有力的科技与品种支撑。

(3) 发展高效安全生态的现代农业技术

以加快推进农业现代化、保障国家粮食安全和农民增收为目标，深入实施藏粮于地、藏粮于技战略，超前部署农业前沿和共性关键技术研究。具体包括以下14个研究方向。

①生物育种研发。聚焦于农作物、畜禽水产及林果花草等领域，深入探索种质资源的深度挖掘、工程化育种、新品种创制、规模化测试、良种繁育、种子加工等关键核心技术，培育一批集成高产、高效、优质、多抗性、广泛适应性等多元优良性状的突破性动植物新品种，并培育具有强大核心竞争力的现代种业企业，显著提升我国种业的自主创新能力。

②粮食丰产增效。针对粮食安全保障与农业结构优化的需求，于东

北、黄淮海、长江中下游三大平原区域，开展水稻、小麦、玉米三大作物的丰产增效新理论探索、新技术研发及其集成示范，目标在于实现产量提升5%、损耗减少5%以上、肥水利用效率提高10%、光温资源利用率提升15%、生产效率增进20%。

③主要经济作物优质高产与产业提质增效。针对大规模种植的果树、花卉、茶叶、木本及草本油料作物、热带经济作物、特色经济植物、杂粮等，重点攻克增产提质增效的理论框架与技术路径，创制优异新种质，研发新型产品，构建高效轻简技术体系，以保障我国农业产品多样性及国家农业安全，推动主要经济作物产业的质量与效益双重提升。

④海洋农业（蓝色粮仓）与淡水渔业科技创新。深入研究种质资源开发、新品种选育、淡水与海水健康养殖、捕捞与新资源开发、精深加工、渔业生态环境保护等领域的新原理、新装备、新方法、新技术，构建生态优先、陆海统筹、三产业深度融合的区域性蓝色粮仓，促进海洋农业资源的综合高效利用，改善渔业生态环境，强化优质蛋白供应，引领海洋与淡水渔业的可持续发展。

⑤畜禽安全高效养殖与草牧业健康发展。以安全、环保、高效为核心理念，围绕动物疫病监测与防控、畜禽健康养殖工艺与环境控制、养殖设施装备、废弃物资源化利用、饲料工业优化、草食畜牧业发展、草原生态保护及草牧业全产业链提质增效等方面，开展系统性技术研发，为我国养殖业的转型升级提供坚实的理论与技术支持。

⑥林业资源培育与高效利用。加强对速生用材林、珍贵用材林、经济林、花卉等资源的高效培育与绿色增值加工关键技术的研发，实施林业全产业链增值增效技术的集成与示范，探索产业集群发展的新模式，旨在实现单位蓄积量增长15%、资源利用效率提升20%、主要林产品国际竞争力的显著增强。

⑦农业面源和重金属污染农田综合防治与修复。突破农林生态系统氮磷、有害化学品与生物、重金属、农林废弃物等污染机理基础理论及防治修复关键技术瓶颈，提升技术、产品及装备的标准化与产业化水平，制定重点区域污染综合防治方案，有效控制并减少农业面源与重金

属污染问题。

⑧农林资源环境可持续发展利用。研究肥药减施技术、水土资源高效利用策略、生态修复技术、农林防灾减灾机制等关键领域，加强农作物病虫害防控技术的研发，提升综合治理能力，推动形成资源高效利用、生态系统稳定、产地环境优良、产品质量安全的农业发展新格局。

⑨盐碱地等低产田改良增粮增效。加强对盐碱地水盐运移机理的解析与调控、土壤盐分管理、微咸水资源化利用、抗盐碱作物新品种选育及替代种植策略、水分高效调控等基础理论与关键技术研究，开发新型盐碱地改良材料与生物有机肥，创新盐碱地治理装备，建立典型示范区域，加速研发成果的转化应用。

⑩农业生物制造。聚焦生物农药、生物肥料、生物饲料的研发，深入探索其作用机理、靶标设计、合成生物学原理、病原作用机制、养分智能释放机制等，创制新型基因工程疫苗、分子诊断技术、生物农药、生物饲料、生物肥料、植物生长调节剂、生物能源、生物基材料等农业生物制品，并实现其产业化应用。

⑪农机装备与设施。突破决策支持系统、先进作业装置及其制造技术瓶颈，研发高效环保农林动力设备、多功能与定位变量作业系统、设施农业与健康养殖精细生产装备、农产品产地处理与干燥技术、林木培育与采收加工技术、森林灾害防控装备等，构建农林智能化装备技术体系，支撑全程机械化与全面机械化的发展。

⑫农林生物质高效利用。深入研究农林废弃物（如农作物秸秆、畜禽粪便、林业剩余物等）及新型生物质资源（如能源植物、微藻等）的清洁收储技术、高效转化路径、产品提质策略、产业增效模式等，使我国农林生物质的高效利用技术达到国际领先水平，实现利用率超过80%。

⑬智慧农业。研发农林动植物生命信息的精准获取与解析技术、表型特征的智能识别与可视化表达方法、主要作业过程的精确实施策略等关键技术与产品，构建大田作物与果园的精准生产系统、设施农业的智能化生产体系及规模化畜禽水产养殖的信息化作业系统，形成面向农业生产管理、农民生活服务、农村综合治理以及乡村新兴产业发展的综合

信息服务体系。

⑭智能高效设施农业。探索设施光热动力学机制、环境与生物互作响应原理等基础理论，攻克设施轻简化装配、全程机械化作业、智能化环境调控、一体化水肥管理等关键技术难题，创新温室节能蓄能技术、光伏应用技术、智慧空中农场等高新技术与装备，推动设施农业科技与产业的跨越式发展。

2. 农业农村部《全国农业科技创新能力条件建设规划》

为创造良好的农业科技创新条件，提升农业科技创新能力，农业农村部组织编制了两轮"全国农业科技创新能力条件建设规划"。《全国农业科技创新能力条件建设规划（2012—2016年）》指出，要重点建设国家农业科技创新平台、农业部重点实验室、农业应用研究示范基地三类项目，以全面提升面向国际竞争需求的原始创新能力、面向国内战略需求的重大关键技术研发能力、面向科技应用推广需求的成果转化能力。为适应"十三五"农业科研的新形势，新一轮规划——《全国农业科技创新能力条件建设规划（2016—2020年）》在此基础上又进行了拓展。其中，实验室不仅包含了上一轮规划未建的"学科群"农业农村部重点实验室、农业科学观测站，也包含了新增的农业农村部重点实验室，还包括了一些行业科研实验室。同时新增了承担多学科、多领域科研任务的综合性农业科学试验基地和服务于特定研究领域的专业性农业科研试验基地。新一轮规划主要着眼于农业科技创新体系建设，立足于整体提升我国农业基础研究、应用基础研究、应用研究和成果转化条件水平，突出构建以重大农业科学工程为"塔尖"、重点学科实验室为"中坚"、农业科学观测实验站和科学试验基地为"塔基"的"金字塔"形农业科技创新能力条件建设体系框架，并以此统领各项建设任务。综合而言，两轮规划显著提高了我国农业科技创新能力条件整体水平，基本建成了一大批依靠跨学科、大协作和协同创新的农业科研设施，基本形成了"布局合理、技术先进、协作紧密、运行高效、支撑有力"的农业科技创新能力条件保障体系。

3. 科技部等《"十三五"农业农村科技创新专项规划》

"十三五"时期，是加快农业现代化的关键时期。面对我国农业面临的主要矛盾和重大挑战，坚持发展导向和问题导向，由科技部牵头，会同农业部等15个相关部门和单位，组织编制完成了《"十三五"农业农村科技创新专项规划》。该专项规划紧紧围绕事关农业核心竞争力的公益性、战略性、基础性、前瞻性重大科学问题，重大共性关键技术和产品，重大国际科技合作等战略需求，统筹部署农业科技创新重大项目和重大工程，系统布局基地和人才团队建设，农业高新技术产业发展，国际科技合作，县域创新驱动发展，科技扶贫精准脱贫等重大任务，引领支撑中国特色现代农业发展。同时，注重体现与《"十三五"国家科技创新规划》的一致性和衔接关系，是创新驱动发展战略在农业农村科技工作中的具体落实。为进一步加快国家农业科技园区创新发展，科技部、农业部、水利部等共同制定了《国家农业科技园区发展规划（2018—2025年）》。该规划指出，到2020年，构建以国家农业科技园区为引领，以省级农业科技园区为基础的层次分明、功能互补、特色鲜明、创新发展的农业科技园区体系。

4. 农业农村部《"十四五"全国农业农村科技发展规划（2021—2035）》

"十四五"时期是开启全面建设社会主义现代化国家新征程、向第二个百年奋斗目标进军的第一个五年，也是实现巩固拓展脱贫攻坚成果同乡村振兴有效衔接、加快农业农村现代化的关键时期。农业农村部出台的《"十四五"全国农业农村科技发展规划（2021—2035）》是引领我国目前农业科技领域进步的重要方针。总体而言，我国在农业科技领域的进步显著，拥有多方面的优势与有利条件，但同时也面临着一些显著的短板与挑战。特别是在一些前沿及交叉学科的基础研究方面，以及底层技术的原始创新能力上，还存在不足。对于关键领域，如重要农作物种源、农业机械装备、智慧农业技术和绿色农业投入品等，其核心技术和产品的自主可控能力尚待加强。此外，创新链与产业链之间的融合不够紧密，土地的生产效率、劳动效率以及资源利用效率仍有较大的提升空间。这就要求我们要立足新发展阶段、贯彻新发展理念、构建新发展格局、推动高质量发展，按照"保供固安全，振兴畅循环"的工作定位，把握"突破、融合、重塑、提升"战略支点，坚持走新时代中国特色农业科技现代化之路，加快高水平农业科技自立自强，加快农业科技体制机制改革创新和产学研深度融合，加快实现农业产业基础高级化、产业链供应链现代化，为全面推进乡村振兴、加快农业农村现代化提供强有力的科技支撑。

最新科技规划提出，要从突破农业农村关键领域重大科技问题、优化农业科技发展布局、健全高素质农民培育和农业科普体系、打造农业农村科技人才队伍、深化农业科技国际交流与合作五个方面，强化农业农村科技创新。把高水平农业科技自立自强作为农业农村发展的战略支撑，聚焦基础前沿热点、关键核心技术卡点、产业发展升级痛点及乡村建设发展重点。突出品种、地力、农机、植保、防灾等关键环节，以及生物育种、基因编辑、黑土地、盐碱地、大豆、油菜、生物安全等重点领域，挖掘粮食作物增产潜力，确保国家粮食安全，支撑引领农业高质量发展和乡村全面振兴。

在农业农村关键领域的重大科技问题突破方面，着重从以下几个维度进行探索与创新。

①种源创新与生物种业。强化种质资源的深度挖掘与创新利用，构建先进的生物育种技术体系，致力于培育具有突破性特征的新品种。通过实现种源核心技术与战略品种的自主可控，有力推动种业的全面振兴。

②耕地保护与质量提升。聚焦于土壤质量优化、耕地地力培育及农田固碳等关键领域的技术研发与应用。加强土壤健康状态的深入研究，补齐耕地保护与利用中的短板，确保耕地数量的稳定与质量的提升。

③高效种养与绿色生产。深化农作物高效种植与畜禽水产健康养殖的技术创新，推动技术研发、产品创新与工程化应用的紧密结合。提升农业绿色发展技术的适配性，科学提高土地产出率、劳动生产率和资源利用率，为粮食安全、重要农产品的有效供给及产业的提质增效提供坚实支撑。

④农业机械装备与智能化。围绕农业机械化"全程全面、高质高效"的目标，以感知、决策（控制）和执行三大功能为核心，开展主要农作物、特经作物及畜禽水产养殖装备的研发与关键部件的创新。推动现代农业生产向少人化、智能化方向迈进。

⑤农产品加工技术与装备。大力推进大宗农产品的产后减损与加工技术装备的创新，实现农产品的多元化开发、多层次利用与多环节增值。研发智能农产品加工技术与装备，提升农产品附加值。

⑥农产品质量安全与营养健康。加强农产品中农兽药等污染物残留的动态监测与质量安全风险评估，推动现代农业全产业链的标准化建设。挖掘农产品的营养品质特征指标，构建科学的品质评价与分等分级标准体系，为生产指导与消费引导提供科学依据。

⑦重大风险与灾害防控。全面加强农业领域的生物安全工作，开展防范化解农业重大风险的前瞻性、储备性与应急性关键技术研发与产品创新。提升农业的抗灾减灾能力与产业安全保障水平。

⑧生态宜居乡村建设。根据乡村实际情况，研发集成并推广农村生物质能源的综合利用、生活垃圾与生活污水处理等关键技术与模式。促进农村新模式新业态的融合，引领支撑农村人居环境的持续改善，打造美丽乡村，实现生态宜居目标。

在农业科技发展布局的优化方面，主要关注以下三个方面。

①基础和应用基础研究。重点支持农业领域的原创性基础研究与应用基础研究，鼓励在"无人区"领域的探索性研究。掌握更多具有通用性、不可替代性和自主可控性的核心专利，为农业科技创新提供源头支持。例如，开展种质资源形成与演化、生物与非生物胁迫、基因编辑技术原始创新及人工智能基础算法等研究。

②前沿与交叉融合技术。瞄准世界科学前沿，聚焦对农业发展具有显著带动作用、具备一定研究基础且能较快转化为现实生产力的关键领域。如农业大数据、智慧农业与未来食品制造等，强化科技攻关布局，加快形成新的竞争优势。

③农业科技基础性长期性工作。围绕农作物、畜禽、水产及农业微生物等种质资源的收集、保存、评价与共享，建设一批基础资源收集保存库。同时，针对农业生产中的水、土、气、物候、投入品及生物灾害等数据信息，建设一批农业科学观测实验站与野外观测研究站。推进农业大数据中心及分中心的建设，加快构建农业大数据系统，为农业产业科技创新奠定坚实基础。

综上所述，致力于实现以下主要目标。

到2025年，突破一批受制于人的"卡脖子"技术和短板技术，显著提升农业领域的原始创新能力，确保农业科技整体实力在全球保持领先地位，特别是在生物育种、农业5G应用、动物疫苗等领域达到世界领先水平。进一步提高农业土地的产出效率、劳动生产率和资源利用率，并大力推动生物种业、耕地保育、智慧农业、农机装备及绿色投入品等领域的科技创新。此外，完善具有中国特色的新时代农业农村科技创新体系，强化企业在创新中的主体地位，不断深化农业科技领域的国际交流与合作，确保农业农村科技创新与推广服务更加高效，农民队伍素质大幅提升，科技对乡村振兴的支撑能力显著增强，形成"职责聚焦、分工科学、导向明确、科产融合"的新格局。

到2035年，基本形成一批全球领先的农业科学技术中心，基本实现以高端化智能化绿色化为特征的农业科技现代化，基本建成农业科技强国。

5. 地方农业科技规划

在我国各农业大省与强省的农业科技规划中，均紧密围绕"绿色农业、智慧农业、机械化"等核心议题，结合当地的发展现状与未来趋势，因地制宜地制定了一系列具有前瞻性的农业科技发展战略。

（1）《广东省推进农业农村现代化"十四五"规划》

《广东省推进农业农村现代化"十四五"规划》依托广东省坚实的经济基础和卓越的科技实力，明确提出要打造农业科技自主创新高地。该规划强调，需加快构建以国家和省实验室为引领的农业战略科技力量，优化并提升技术创新中心等创新基地的效能，旨在形成一个结构合理、运行高效的农业领域创新平台体系。特别是在科技水平领先的深圳，将全力推进农业科技创新先行示范区的建设，聚焦于"生物农业、智慧农业、绿色农业"三大前沿方向。围绕丝苗米、特色水果、南药、农业微生物等岭南地区的优势特色产业转型升级重大需求，加快岭南现代农业科学与技术省实验室建设，通过"核心+基地+网络"的模式，带动全省各级农业实验室体系的全面优化与升级。同时，规划还提出要建设广州国家现代农业产业科技创新中心，搭建产学研深度融合的实验室平台，使之成为助推"农业硅谷"建设和区域经济增长极的加速器和孵化器。

在数字农业与农业机械化的推进上，广东省将充分利用 5G 技术的优势，加快农机智能化与信息化的发展，致力于建设一批无人农场、无人渔场和智慧果园等示范基地。此外，还将加强农机装备的创新研发，特别是针对丘陵山区、特色经济作物以及畜禽水产养殖等领域的生产加工特色农机装备，有序推进信息化技术与农机装备的深度融合。

（2）《浙江省农业农村现代化"十四五"规划》

《浙江省农业农村现代化"十四五"规划》着重于实施适用农机开发发展专项行动，制定并实施专项行动方案，旨在创新研制并推广适应浙江省地域特点和产业特色的高效专用农机。规划强调，要深入实施农业领域的机器换人战略，强化粮油、畜牧、水产养殖、食用菌生产以及设施农业等关键环节农机装备的应用。特别是在畜牧、水产养殖领域，要加快主要品种、重点环节以及规模养殖场的生产机械化进程，推动机械装备与养殖工艺的深度融合。

（3）《山东省"十四五"现代农业科技创新规划》

《山东省"十四五"现代农业科技创新规划》提出了更为具体的农业科技发展方向。一是围绕种质资源、重要农艺性状以及农业重大病虫害等形成规律，生物和非生物胁迫、环境和生物互作等机制，基因编辑技术、合成生物技术和人工智能基础算法等技术方法，开展农业原创性基础研究和应用基础研究，全面提高原始创新能力。二是聚焦于绿色低碳、生物安全、营养健康、智能装备以及智慧农业等领域，开展前沿与交叉融合技术创新，开发一批具有自主知识产权的关键核心技术和产品。三是构建现代生物育种创新体系，突破前沿育种关键技术，全面提升生物育种水平。四是围绕粮油绿色仓储、农产品保鲜储运和精深加工等环节，开展产业链拓展创新，提升价值链，提高农业产业综合竞争力。五是针对耕地土壤退化、污染，土壤结构差，土壤生物活力低以及盐碱耕地产能不足等问题，开展耕地质量提升科技创新，向土地要效益。

(4)《江苏省"十四五"科技创新规划》

《江苏省"十四五"科技创新规划》在农业领域的主导思想是发展高效安全生态的现代农业技术。该规划深入实施藏粮于地、藏粮于技战略，超前部署生物表型、农业合成生物以及智慧农业等前沿技术和关键共性技术的研发。同时，加强种源"卡脖子"技术的攻关，聚焦智慧农业的关键技术突破，如智能感知与控制、智能计算与智慧决策、自主协同作业、人机物及环境融合以及精准信息服务等。在农产品现代化加工与质量安全控制技术上，也将取得重要进展，包括农产品机械采收、绿色保鲜贮运、在线分级分选、品质精准评价、产地初加工、功能物质挖掘与高效利用以及危害物主动防控等。这些技术的突破将有力推进农产品品质的提升和标准化生产，加快发展农业绿色发展关键技术的研发与应用。此外，江苏省还将推进农业高新技术产业示范区的建设，完善农业科技社会化服务体系，提高农业发展质量效益和核心竞争力，为乡村全面振兴和农业农村现代化提供坚实的科技支撑。

6. 科技发展战略

在未来数十年间，我国农业发展将迎来至关重要的时期。在此期间，不仅各级政府高度重视农业科技规划，各大科研院所亦在密切关注世界农业技术的前沿动态，旨在进一步加强基础研究，以期使我国在未来农业科学领域成为高新技术创新的引领者，并在全球农业科学领域跻身前列。

(1)《中国工程科技2035发展战略》

《中国工程科技2035发展战略》明确指出，未来20年，我国农业领域工程科技创新将呈现出一系列重要转变。具体而言，将由过去单纯追求高产、再高产，转变为更加注重农产品的品质提升；由传统的高水、高肥、高产模式，转变为控水、减肥、减药、优产、优质、高效的新型发展模式，更加重视降低成本、提升品质与增效，以及实现绿色发展；由单一的粮食安全观念，向综合食物安全和营养健康观念转变；由单一的农产品生产功能，向关注农业的生态、休闲、养老等多重功能拓展；由传统的耕地农业，向非传统耕地利用方向转变；由重点关注农业生产过程的科技创新，向关注提升农业产业竞争力和促进乡村振兴的科技创新转变。

面向 2035 年,我国农业领域工程科技发展的总体思路清晰明确:夯实基础研究,突破技术瓶颈,加强条件建设,促进产业提升,实现资源替代,拓展农业领域,并着力增强国际竞争能力。

(2)《中国至 2050 年农业科技发展路线图》

《中国至 2050 年农业科技发展路线图》进一步描绘了我国农业科技发展的宏伟蓝图。该路线图指出,至 2050 年,我国农业科技发展的总体目标是在确保资源、环境及社会经济发展的可持续性前提下,为农业生产发展提供创新型的农业科学技术支撑和保障体系,以满足人类社会对农产品不断增加和不断变化的传统与非传统需求。

在植物种质资源与现代育种科技发展方面,将主要依托系统生物学的研究手段,采用重大产品导向的研发战略,充分发掘和利用我国丰富的基因资源优势。重点突破植物光能转化和利用效率,开发基于基因组信息的关键生物技术,构建功能植物产品研发创新体系,以提高粮食和其他农作物产量、改善品质,并开发多功能和智能型作物品种,为我国农业生产可持续发展提供坚实的科技支撑。

在动物种质资源与现代育种科技发展方面,将充分利用系统生物学、整合生物学、生物信息学、组学及其技术、基因工程等生命科学和生物技术多学科的交叉融合研究手段,采用重大产品导向的研发战略,充分发掘和利用我国丰富的畜禽水产动物资源优势。旨在发展健康可持续发展的畜禽水产业,包括海洋渔业,为人类培育安全、生长快、蛋白含量高、产肉量高、饲料转化率高或抗病力强的畜禽水产品。

在资源节约型农业科技发展方面,将致力于建立完善的国家耕地资源长期监测和预警平台、水分和养分管理技术研究平台、新肥料研制和开发平台。全面构建节地型农业、节水型农业和节肥节能型农业三大生产技术体系,并着力提升我国新肥料产业和现代农机装备产业的竞争力。实现区域水、土资源利用和管理的集约化,推动节水灌溉、高效施肥的机械化,以及水肥精确管理、节能少免耕技术的规范化。力争使中低产农田土壤面积减少 50%~60%,农田生态系统土、肥、水综合利用率提高 30%,养分和能源投入降低 25%~30%。同时，普及应用智能型肥料，实现我国粮食安全生产所需的耕地和水资源的动态平衡，构建高产稳产、高效优质的现代农业生产体系，推动我国农业的可持续发展。

在农业生产与食品安全科技领域，将加强农产品安全生产、重大病虫害防控、农产品营养保持、环境清洁控制、贮运保鲜和加工等领域的基础理论研究、关键技术突破和综合技术集成创新。建立农产品病虫害流行的预警防控系统、智能专家管理系统，以及从源头到餐桌的食品安全数字跟踪系统，实行精确监测和防控的"主动安全战略"。同时，构建农产品安全生产的标准化体系和绿色生态环境，确保农产品在培育、养殖、贮运保鲜及加工过程中的品质安全，提供绿色安全优质的农产品。此外，还将实现精准化食品设计和品质调控，研发多样性的营养食品，改善膳食结构，并创制"智能化个性营养食品"，以足未来人类个体化营养与健康的需求。

在农业现代化与智能化农业科技发展方面，将通过农业信息关键技术的突破和高技术的武装，推动我国农业实现信息化、智能化、精准化和高效化。这将为我国农业的可持续发展注入新的活力，并助力我国在全球农业科学领域取得更加显著的成就。

（二）国内农业科技发展战略布局分析

1. 共性领域

我国目前所出台的各种国家级农业科技规划，因部门职能差异而各有侧重，同时，各省也因其独特的自然条件和经济条件，在农业科技规划上展现出不同的特色。然而，在生物农业、智慧农业以及农业可持续发展等领域，国家级规划和省级规划等均进行了部署。

首先，生物农业作为农业科技的重点发展领域，涵盖了种质资源、生物育种以及生物化肥等多个方面。其中，农业种质资源的保护与利用尤为关键，优质高产的种质资源是粮食安全的基石，更是农业科技创新的源泉。因此，我国应充分利用自身特有的种质资源优势，同时积极开发新的优质种质资源，以应对全球农业竞争中的挑战。

其次，智慧农业作为现代农业科技的标志性方向，正引领着农业生产的变革。通过集成应用现代信息技术成果，如计算机与网络技术、物联网技术、音视频技术、"3S"技术、无线通信技术等，以及结合专家智慧与知识，智慧农业实现了农业生产的可视化远程诊断、远程控制以及灾变预警等智能管理功能。此外，智能农机装备的研发与应用也是智慧农业的重要组成部分。各地区应根据自身的实际情况和具体农作物的需求，因地制宜、因物制宜地研发出适用的农业机械装备，以提升我国农业机械化率，进而提高农业生产效率。

最后，农业可持续发展与绿色农业，作为我国农业科技发展的长远目标，正指引着我们因地制宜发展生态农业，并加强耕地保护工作。耕地作为人类赖以生存的物质基础，其数量与质量的保障是农业可持续发展的前提。然而，近30年来，由于经济社会的快速发展、人口的持续增长、城市化率的不断提高以及非农建设的增加等因素，耕地保护面临着前所未有的挑战。因此，我们需要采取更加科学、有效的措施，确保耕地的可持续利用，为农业的可持续发展奠定坚实基础。

2. 特色布局

中国与世界主要农业强国在农业科技发展战略的制定上相比，已基本覆盖了所有热点研究领域，如表2-3所示。然而，在食物浪费、贸易与市场以及应对全球气候变化等方面，我国的战略部署尚待加强。此外，随着耕地资源与粮食供需矛盾的日益尖锐，以及农业面源污染的持续加剧，耕地质量下降的问题愈发凸显，耕地保护已成为当务之急。

作为发展中国家，我国农业的总体战略布局的特色：以粮食安全战略为核心，致力于作物种业的改善，以期提升作物产量和品质；在畜禽水产业中，采用生命科学和生物技术多学科交叉融合的研究手段，实施重大产品导向的研发战略；在食品科技领域，高度关注食品安全与高质量食品的研发；在土壤科学方面，着重关注土壤的数量与质量；在环境和可持续发展领域，绿色农业无疑是我国农业科技发展的重中之重，强调因地制宜发展生态农业，以实现农业的绿色转型。这一战略不仅有助于保护耕地资源，还能有效应对全球气候变化带来的挑战。

表 2-3　国内外农业科技发展战略布局比较

国家战略方向	中国	美国	欧洲	澳大利亚
作物种业	大力提升生物种业、构建我国功能植物的产品研发创新体系，提高粮食和其他农作物产量、改善品质、开发多功能和智能型作物品种	作物理想性状的遗传改良；增强作物抗逆性，提高环境适应能力	基因组编辑技术对农作物进行定向修饰	育种（基因组预测）
畜禽水产业	动物种质资源与现代育种科技，采用生命科学和生物技术多学科的交叉融合研究手段，重大产品导向的研发战略，发展健康可持续发展的畜禽水产业	畜牧业关注畜禽健康、养殖和福利等	无	动物精准饲喂、早期疾病检测
食品科技	食品安全与高质量食品的研发	关注食品质量、食品安全和粮食损耗等问题	加强营养、食品科学和技术、公共部门和产业之间的研究对接；评估食品体系的营养敏感性	食品质量与个性化营养（基因组学研究）
土壤科学	保证耕地数量与质量	关注土壤质量、土壤微生物群落和养分利用等	土壤在碳封存以及缓解气候变化等方面的价值；土壤微生物群落的功能理解	植物土壤互作；耕作系统管理；实时土壤养分测定
资源节约	建立完善的国家耕地和中国农业科技总体和分阶段目标及总体路线图及资源长期监测和预警平台、水分和养分管理技术研究平台、新肥料研制和开发平台；全面建立节地型农业、节水型农业和节肥节能型农业三大生产技术体系；全面提升我国的新肥料产业和现代农机装备产业；实现区域水、土资源利用和管理的集约化；节水灌溉、高效施肥的机械化；水肥精确管理、节能少免耕技术的规范化	水分高效利用；关注跨集成系统实施的节水技术，改进植物和土壤特性，新兴传感技术和农业大数据科学	无	无

(续表)

国家战略方向	中国	美国	欧洲	澳大利亚
数据科学	无	关注建立农业食品数据集成平台，鼓励企业间共享数据；农业食品信息学（如区块链、人工智能）	加强对食物浪费、贸易流通和价格等数据的收集、规范和分析	大数据利用与信息挖掘、机器人与自动化系统等
基因组学、基因编辑、和生物传感器	采用重大产品导向的研发战略，充分发掘和利用我国丰富的基因资源优势，利用系统生物学、整合生物学、生物信息学、组学及其技术、基因工程等生命科学和生物技术多学科的交叉融合研究手段，开发基于基因组信息的关键生物技术，构建我国功能动植物的产品研发创新体系，采用重大产品导向的研发战略	农产品的理想性状的精准改良；精准畜牧	将基因组学成果应用于食品生产和动物健康；对农作物进行定向修饰	基因型与表型互作、表观遗传学研究、新型育种技术及工具开发
微生物组技术	无	微生物组驱动作物健康管理，替代化学农药，降低30%病害损失；土壤碳汇，通过微生物固碳使农田碳储量提升20%；家畜健康与减排调控，反刍动物甲烷排放减少45%（数据来源：《美国农业部科学蓝图（2023—2026）》、《气候智慧型农业战略》、《美国农业部反刍动物肠道发酵研发计划》）	无	无

(续表)

国家战略方向	中国	美国	欧洲	澳大利亚
营养、食品选择和食品安全	加强农产品安全生产、重大病虫害防控、农产品营养保持、环境清洁控制、贮运保鲜和加工等领域的基础理论研究、"主动安全战略";建立农产品安全生产的标准化体系和绿色生态环境,提供绿色安全优质的农产品;研发多样性的营养食品,改善膳食结构;创制"智能化个性营养食品",满足今后人类个体化营养与健康的需求	关注食品质量、食品安全和粮食损耗等	饮食选择机制、消费者需求;高热量饮食的成本动因;营养、健康饮食	食品质量和个性化营养
环境可持续性	绿色农业是我国农业科技发展的重点,包括因地制宜发展生态;加大绿色投入品	无	食品体系耐受气候变化;促进土地和水可持续利用;下一代生物燃料;合成生物的价值;加强土壤研究	绿色可持续的化学:无毒特异性农化产品、化学封装系统以及实时检测或传感技术研发等
食物浪费	无	无	无	到2030年将食品供应链浪费减少50%;通过技术优化降低30%物流损耗;2030年前将家庭食物浪费降低25%(数据来源:澳大利亚农业、渔业和林业部.《国家食物浪费战略2023》)
贸易与市场	无	无	无	2030年前实现农产品跨境无纸化贸易全覆盖;降低对单一市场依赖(如中国份额从35%降至30%),新增10个高潜力市场;建立碳足迹核算体系抢占低碳农产品定价权(数据来源:澳大利亚《国家农业追溯战略2025》)

（续表）

国家战略方向	中国	美国	欧洲	澳大利亚
农业智能技术	通过农业信息关键技术的突破和高技术的武装，使我国农业实现"四化"	传感技术、纳米技术、生物传感器		农业控制论、传感器及网络、机器人与自动化系统等
应对气候变化	无	无	无	开发管理策略和遗传改良方法，进行定制气候预测等
代谢工程/合成生物学	无	无	无	基因发现植物生产工业原料的生物反应器、合成生物学、可再生能源
数据来源	《中国至2050年农业科技发展路线图》	《至2030年推动食品与农业研究的科学突破》	《欧洲粮食与营养安全和农业研究的机遇与挑战》	《农业科学十年计划（2017—2026）》

3. 研发机构与企业协同创新

2016年5月，习近平总书记在全国科技创新大会上指出，科学研究既要追求知识和真理，也要服务于经济社会发展和广大人民群众。广大科技工作者要把论文写在祖国的大地上，把科技成果应用在实现现代化的伟大事业中。党的二十大报告强调，加快实施创新驱动发展战略，推动创新链产业链资金链人才链深度融合。

农业企业是农业技术创新的主体，也是农业科技规划实施、推动农业科技进步的主力军，是将前沿科技和经济紧密结合的实施者。企业了解市场需求，能在第一时间将科技成果转化为先进农业生产力，只有他们才能充分发挥科研机构和高等院校的引擎作用，将企业自身丰富经验与科研机构的基础性、前瞻性、关键性研究融合起来，使农业科技创新工作不断推进。当然，政府在农业产学研深度合作上发挥着至关重要的作用，政府是科技成果转化的政策制定者和重要引导推动力量，发挥了引领作用，做好了顶层设计，为产学研合作搭建平台、营造良好的外部环境，锚定政策最优、成本最低、服务最好、办事最快目标，激发了市场主体活力和科研院所、高校创造力，为我国农业科技现代化作出了巨大贡献。同时新型研发机构也是农业科技创新中十分重要的力量,通过发展新型研发机构能够进一步优化科研力量布局,强化产业技术供给,促进科技成果转移转化,推动农业科技创新和经济社会发展深度融合。

4. 政策补贴

为加快落实我国农业科技规划的实施,我国也推行了一系列农业优惠政策补贴,我国农业科技补贴主要分为两个方面,一方面是农业科技成果转化优惠政策,另一方面为直补农户的农业补贴。

为了提升我国农业科技水平,促进农业科研成果的转化,从中央到地方政府设立了"农业科技成果转化基金""专利补助政策",搭建了各种成果转化平台,并成立成果转化中介机构,形成了促进科研机构科技成果转化的政策框架,大大激发了科研机构的科研动力。此外,政府部门对农村的农民直补项目比较多。为了激发农户种植积极性,农民种植粮食作物,如小麦、玉米、水稻等政府均会按照亩数给予一定补助,搞家禽养殖也会有补助。例如,耕地地力保护补贴、农民专业合作社补贴、适度规模经营补贴、农机购置补贴、优势特色主导产业发展补贴、绿色高效技术推广服务补贴、畜牧水产发展补贴、农村一二三产业融合发展补贴等也会直接补贴到农户,进一步促进农业科技现代化发展。

5. 稳定支持

为保证农业科技规划的有序开展实施,国家在农业科技发展方面实施了多项政策以推动支持农业现代化。这种稳定支持是全方位立体化推动农业科技规划实施的政策。

一是农业科技创新资金支持,由政府部门提供资金支持,用于农业科技创新研究、技术示范与推广等项目,鼓励农业科技的研发和应用,大大激发了科研工作者的积极性,并为农业科技创新提供了资金保障。二是农业科技示范基地建设,政府支持建设农业科技示范基地,用于展示农业科技的先进成果和创新模式,同时帮助农民了解和学习新技术,从而推动新技术与土地、劳动者相结合将技术转化为生产力。三是农业科技推广和培训,政府组织农业技术人员进行科技推广和培训,将先进的农业技术和管理模式传授给农民,提高其科技水平和技术储备。四是农业科技成果转化和推广,政府支持农业科技成果的转化和推广,鼓励科技企业和农业合作社应用新技术,提高农业生产效益和质量。五是加强农业科技服务体系建设,建立科技信息发布平台,提供农业科技咨询和技术支持,为农民解决实际生产问题。这些政策从农业科技的研发到成果转化、推广再到应用等各环节,都给与了农业科技进步全方位、立体化的推动与保障作用。

6. 法律保障

农业科技政策的实施受到许多因素的影响,农业科技的发展也有很多方面,但其中最为重要的是科技成果的转化,只有完成了科技成果转化才能实际投入到农业生产中,才能实质性地推动我国农业的进步。我国在法律上对科技成果保护力度很大,有利于推动农业科技成果转化,促进农业科技政策的实施。

《中华人民共和国宪法》第 20 条明确规定,奖励科学研究成果和技术发明创造。1985 年,中共中央制定的《关于科学技术体制改革的决定》开启了中国科技进步的进程,也为知识产权和科技成果的保护奠定了坚实基础。1987 年颁布的《中华人民共和国技术合同法》使我国的科技成果转化拥有了法律依据。2008 年新修订后的《中华人民共和国科学技术进步法》在为科研工作者提供资金支持的同时也为科技成果转化提供了一系列法律及政策上的优惠措施。此外,还有《中华人民共和国专利法》《关于充分发挥高等学校科技创新作用若干意见》《关于国家科研计划项目研究成果知识产权管理的若干规定》《高等学校知识产权保护管理规定》《国家科学技术奖励条例》《关于进一步加速科技进步的决定》《关于加强国家科技计划知识产权管理工作的规定》等。这些法律法规都为我国科研人员的科技成果、知识产权提供了重要的法律支撑,也为农业科技政策的实施提供了法律保障。

第三章
四川省经济社会发展特征分析

四川省是西部地区唯一的粮食主要生产省，也是全国粮食消费与转化大省。近年来，随着社会经济的快速发展、民众生活水平的提升及人口数量的增长，正面临着日益严峻的粮食生产资源环境挑战。2021年5月1日，四川省首部保障粮食安全地方性法规《四川省粮食安全保障条例》正式实施，该条例提出了保障四川省粮食安全的内外两条路径，目的是夯实内部稳产增产基础。对内要保护耕地并确保良田粮用，以及"仓中有粮"；对外要明确四川省粮食调剂品种余缺，建立健全粮食产销合作机制，制定引粮入川措施，从而实现四川省粮食供需平衡。

从当前四川省经济社会发展的宏观视角出发，深入剖析其独特的发展特征，旨在为后续探讨四川省现代农业发展过程中亟待解决的关键问题提供坚实的背景支撑。

一、人口增长与城市化进程对食物有效供给提出更高要求

随着人口的不断增长和城市化进程的加速推进，四川省面临着对食物有效供给的更高要求。人口的增加直接导致了食物需求量的上升，而城市化则进一步推动了食物消费结构的多样化与升级，对食品的质量、安全和供应稳定性提出了更为严格的标准。

目前，尽管四川省粮食产量在持续增长，已连续3年保持在3 500万吨以上，但由于四川省是人口大省，人口数量也连年攀升，从中长期来看粮食供求关系处于紧平衡状态。水稻、小麦、玉米、豆类、薯类等粮食作物的产量在四川省粮食安全中占有突出地位。然而，近年来四川省粮食年调入量都在1 500万吨以上，2020年增至1 800万吨，相比2015年增长了49%，玉米、稻谷、小麦、高粱、大豆等各类粮食品种均有调入（赵颖文，2022）。

以水稻来说，四川省90%人口以大米为主食，常年消费量在1 400万吨以上。预计到2030年，四川省稻谷产量将达1 520.40万吨，但未来产需缺口预计将大于249万余吨（陈进，2023）。以小麦来说，近10年来，小麦总成本均大于产值，四川省小麦净利润和成本利润率均排在全国小麦生产省市后三位左右，可见四川省小麦的生产优势并不明显。而四川省玉米2010—2022年单产波动较大，特别是在2017—2020年间甚至有下降趋势且低于全国水平，这可能与耕地质量不高，规模化程度不够等有关。除此以外，四川省大豆总产量虽然位居全国第三，但产需缺口巨大。四川省年产大豆约120万吨，而年均消费大豆约320万吨，大豆产需自给率仅40%。按照《四川省大豆振兴计划推进意见》，到2022年四川省大豆种植面积将超过650万亩，平均亩产160千克，总产达105万吨，全省大豆自给率提升5个百分点。据农业农村部统计，我国大豆的需求量每年在1.2亿吨左右，而国内大豆产量在1 600万吨左右。这意味着，全国八成以上大豆需求要进口。而随着国际贸易形势的变化，我国大豆供应链必须要调整来源、扩大自主生产。同时，薯类作物的多样化种植增加了粮食的种类为人们提供了更多的营养选择，在四川省的粮食作物中，薯类作物的产量比重稳步提升，在粮食总产量占据重要地位（图3-1）。

2022年中国统计年鉴及四川省国民经济和社会发展统计公报数据显示，2012—2022年四川省城镇人口比重不断增加，2022年城镇人口比重较2012年增加了15个百分点（图3-2）。城镇人口比重增大主要原因体现在农村人口向城市转移，农民大量离开原耕种土地，农村青壮年人口多聚集在城镇，农村老龄化现象突出，农业生产力下降，故未来要

第三章 四川省经济社会发展特征分析

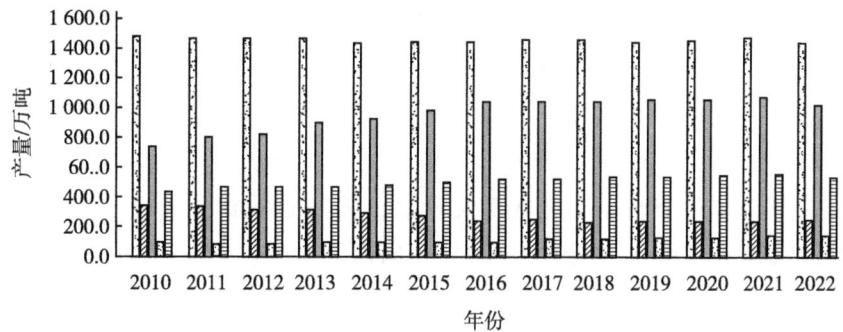

图 3-1　2010—2022 年四川省粮食作物产量

谨防弃耕撂荒导致四川省粮食进口率逐渐增高。

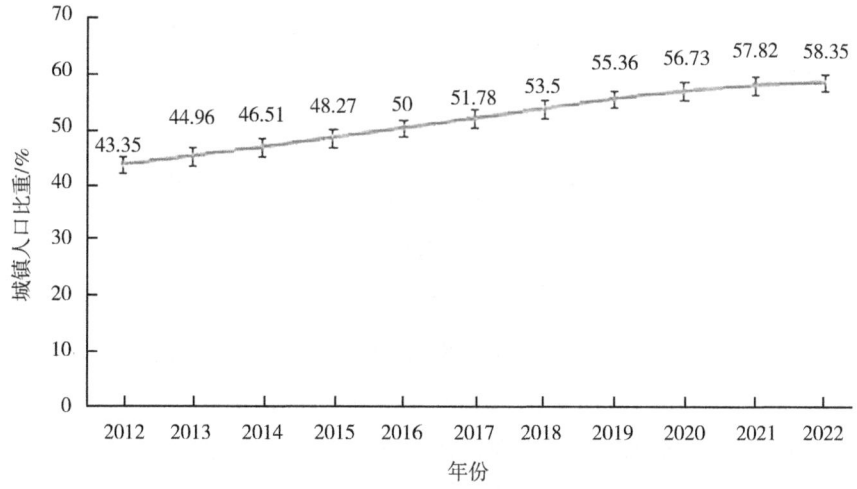

图 3-2　2012—2022 年四川省城镇人口比重

城镇化格局出现大城市过度膨胀与农村、城镇相对衰落的失调问题，这既是全国性的共性问题，也是新时期四川省自身的个性问题，且更加严峻复杂。一是农村劳动力外流导致农村空心化，土地撂荒。四川省是外出务工大省，2020年末，四川省农村劳动力转移就业输出2 573.4万人，比2019年增加90.8万人。其中，省内转移就业1 458.8万人，增加90.2万人。二是城市化进程使得农村转移大量

· 55 ·

年轻劳动力，把老年人口留在农村。四川省统计局 2021 年发布《四川省村（居）常住人口分布概况》显示：社区 65 岁及以上常住人口占比为 13.5%，农村为 21.7%，比社区低 8.2 个百分点。这意味着，四川省农村老龄化远高于城镇。按国际老龄化划分标准，当某地区 65 岁及以上人口占比达到 20%，为超老龄化社会。四川省农村已经进入超老龄化社会，农村地区每 5 人就有 1 人为 65 岁以上老人。

人口增长与城市化进程带来的食物供给挑战，一是人口增长导致粮食需求增加，随着省内人口的持续增长，无论是直接消费还是间接消费（如肉类消费带来的饲料需求），粮食需求总量保持刚性增长的趋势对食物有效供给提出了更高要求；二是与其他行业相比，种粮的比较效益相对较低，这可能导致农民种粮积极性不高大量农村劳动力向城市转移，导致农村地区的粮食生产面临劳动力短缺问题。城市化进程最终使大量农民从食品生产和销售者转变为食品净消费和购买者，进一步收紧了粮食供需关系。

二、资源与生态环境约束给农业可持续发展带来更大挑战

长期以来，传统粗放型农业的发展模式，通过大量拼资源、拼消耗的方式在一定时期内刺激了四川省农业经济的快速增长，带来了产量的提升，但这种发展模式背后所隐藏的问题也逐渐浮现，成为制约农业可持续发展的沉重因素。随着时间的推移，传统农业模式的弊端日益凸显。过度开发导致的水资源短缺、土地退化、生物多样性减少等问题，不仅削弱了农业生产的潜力，还加剧了生态系统的脆弱性。同时，化肥、农药的过量使用，以及农业废弃物的无序排放，使得环境污染问题日益严重，农村水源、土壤和空气的质量均受到不同程度的破坏，严重威胁农产品的安全性和农民的身体健康。

与农业相关的非生物资源和生物资源共同构成了农业生产的基础和核心要素。非生物资源是农业生产中不可或缺的基础条件，它们虽然不

具备生命特征，但对农作物的生长和发育起着至关重要的作用。如土地资源、水资源、气候资源等，这些因素直接或间接影响着农作物的产量和品质，为农作物提供生长的基础。生物资源则是农业生产中的核心要素，它们具有生命特征，能够通过自身的生长和繁殖为农业生产提供直接的物质。

四川省农业非生物资源具有显著的地域性和多样性特征，四川省土地资源总量大，但人均占有量小。全省按照地理地貌分为成都平原区、盆地丘陵区、盆周山区、川西南山区、川西北高原区，各区域自然条件差异较大，农业生产布局各具特点。其中，耕地灌溉水资源问题、土壤环境污染和水土流失问题尤其严重。四川省耕地有效灌溉面积占总耕地面积的40%左右，大部分耕地用水靠大自然给予，且人均有效灌溉面积少，仅为全国平均水平的2/3，区域性、季节性和工程性缺水严重，导致农业供需水矛盾突出，农田灌溉"最后一公里"问题仍然严重，制约了农业经济效益的提高，也影响农业的可持续发展（胡俊雅，2020）。四川省的土地污染来源包括农业活动、工业排放、生活污染等多个方面。农业活动中，化肥、农药的过度使用是导致土壤污染的重要原因。自2009年起，四川省的化肥施用量持续减少，化肥的减量一方面减少土壤环境污染，降低农业投入，另一方面促进有机肥的施用，有利于土壤地力的恢复和保持。2021年四川省农用化肥施用折纯量为207.16万吨，较2018年的235.21万吨减少了28.05万吨。四川省现有水土流失面积10.95万千米^2。这一数字虽然相较于过去有所减少，但该问题在四川省仍然较为严重。四川省是全国水土流失最严重的省份之一，水力侵蚀面积更是位居全国第一，水土流失量大面广、局部地区严重的状况还没有发生根本性扭转。

在农业生物资源方面，四川省地处亚热带湿润气候区，气候温和，雨量充沛，适宜多种作物生长，因此作物资源丰富，复种指数高。四川省保存有许多珍稀、古老的动植物种类，是我国乃至世界的珍贵物种基因库之一，目前有种子植物191科1520属8553种，其中，国家Ⅰ级重点保护野生植物18种，国家Ⅱ级重点保护野生植物55种；有各类野生经济植物5500余种，其中药用植物4600多种，芳香植物300余种，野生果类 100 多种，油脂植物 300 余种，纤维植物 220 多种。然而，这些资源的过度开发和利用可能对生态环境造成破坏，进而影响农业的可持续发展。所以如何在保护生物资源的同时，合理、可持续地利用这些资源，成为一个亟待解决的问题。基于以上背景，贯彻落实党中央、国务院决策部署，四川省生态环境厅牵头制定《四川省生物多样性保护优先区域规划（2022—2030 年）》按照国家确定的生物多样性保护优先区域范围，四川省包括羌塘—三江源、横断山南段、岷山—横断山北段、武陵山、大巴山 5 个生物多样性保护优先区域，涉及 14 个市（州）67 个县（市、区）17.6 万千米^2，占全省面积的 36.2%，开展生物多样性调查和评估、加强生物多样性监测、建立多层次生物多样性保护空间体系、实施生态系统保护与修复、创新生物多样性可持续利用机制、加强生物多样性保护能力建设、加强优先区域监督管理七大重点任务。

四川省农业可持续发展需要根据不同的农业发展基础、资源禀赋、环境承载能力分区域建设，如根据四川省土地保护、农牧业可持续发展、干旱区节水抑盐与白色污染防控、地下水超采区适水农业发展、耕地重金属污染综合治理、石漠化综合治理、稻渔种养生态循环等因素，研究确定不同区域的农业可持续发展方向和重点，探索区域农业产业布局与资源环境承载力的匹配关系、农业资源绿色高效利用技术与调控产品。在保护生物多样性的基础上，充分保护野生动植物种子资源和建立基因库，利用生物技术，培育出更加优质的农业种质资源，为四川省农业的高质量发展提供坚实的种质资源保障。研发四川省农业环境保育与修复技术、农业废弃物综合利用技术，优化区域农业结构，构建区域循环农业模式，提升农业可持续发展能力和综合生产能力。通过集成示范农业资源高效利用、环境综合治理、生态有效保护等领域先进适用技术，探索适合四川省 5 个农区不同区域特点的、可复制和可推广的可持续发展模式，为实现资源利用高效、产地环境良好、生态系统稳定、农民生活富裕、田园风光优美的农业可持续发展新格局提供科技支撑。面对这一系列严峻挑战，在保障粮食安全的同时，实现农业资源的节约高效利用，减少环境污染，推动农业绿色发展，不仅需要政策层面的引导和扶持，加大对农业科技研发的投入，推广先进的农业技术和装备，提高农业生产效率，还需要全社会的共同参与，增强农民的环保意识，促进农业废弃物的资源化利用，形成资源节约型、环境友好型的现代农业发展模式，以确保我国农业在保障国家粮食安全的同时，实现经济效益、社会效益和生态效益的和谐统一。

三、建设更高水平天府粮仓对转变农业生产方式提出新要求

2022年6月，习近平总书记在四川考察时明确提出，要建好天府良田、推进粮食生产提质增效、加快农业装备现代化。针对四川省具体而言，一是更高水平的耕地建设质量，基本建成集中连片、能灌能排、旱涝保收、稳产高产的高标准农田。二是更高水平的科技和物质装备，生物育种水平和粮食优良品种在全国领先，物质装备水平发达，实现全程机械化、数字化、信息化。三是更高水平的规模化经营，形成以种粮大户、家庭农场、农民合作社等为主体，发达的社会化专业化服务体系为支撑，产前产中产后紧密联系的一体化经营体系。以上三个方面实际上均是对农业生产方式提出的新要求。

更高水平的耕地建设质量。实现高标准农田建设的目标，四川省农业农村厅制定了《四川省实施高标准农田改造提升工程十条措施》，计划通过实施一系列措施，包括明确改造提升目标、重点改造区域、优化改造时序、实施"四改四提"工程、加强项目前期准备、严格项目审查和验收、强化改后管护和利用、加强统筹协调推进、多元筹集资金投入、强化考核评价激励等，以提升"天府良田"的质量，夯实"天府粮仓"的基础。这些措施将有助于提高农田的粮食产能、旱涝保收能力、生产便捷度和耕地质量等级，确保粮食安全和农业可持续发展。

更高水平的科技和物质装备。四川省加快了《四川省现代农业装备产业转型升级推进方案》的实施，依托省内的装备制造和电子信息产业优势，持续推进农业装备科技攻关，培育农业装备制造和服务龙头企

业。同时，研究、制造、推广适合四川省丘陵山区的轻简型、智能化、复合型农机装备。此外，推动农机装备产业集群化发展，支持农机科研院校和企业联合建设国家级农机装备工程技术（研究）中心、重点实验室等创新平台。同时，聚焦十大"川字号"产业，率先在国家级、省级现代农业园区和农业科技园区开展全程全面机械化示范行动，力争到2025年，创建1 000亩以上全程全面机械化示范区（基地）300个、示范县（市、区）60个（中国政府网）。

更高水平的规模化经营。近年来，四川省在农业农村发展领域，始终将农民合作社与家庭农场的培育与发展作为重点工作，旨在巩固和完善农村基本经营制度，并构建现代化的农业经营体系。从发展壮大单体农民合作社、促进联合与合作、提升县域指导扶持服务能力等三个方面着手，为农业高质量发展夯实了基础支撑，成效主要体现在政策扶持力度大、示范带动强、质量效益高三个方面。政策方面，扎实开展农民合作社规范提升和家庭农场培育提升"两大行动"，出台《四川省农民合作社规范指引》《新型农业经营主体辅导员工作规程》《四川省"千员带万社"行动方案》《关于实施家庭农场培育提升行动的意见》。示范带动方面，目前全省农民合作社达10.8万个，入社成员达408.3万户；有家庭农场25万家。约90%的农民合作社、家庭农场从事种植、养殖业，其中，直接从事粮食生产的农民合作社和家庭农场近7万个。2023年，全省农民合作社平均为每个成员统一购销1.41万元，入社成员户均直接从农民合作社获得收益超1 200元；9 028个农民合作社开展农业社会化服务，辐射带动小农户227万余户。全省家庭农场实现经营收入710亿元，经营土地面积突破1 500万亩，带动劳动力就业89万人；场均产值28.07万元、劳均产值7.98万元。质量效益方面，全省农民合作社示范社达1.4万个，其中国家级示范社594个、数量居全国第4位，省级示范社超2 000个。可以说四川省在农业经营体系改革方面持续的积极探索，也为其他地区提供了可借鉴的经验。

四、气候变化与极端自然灾害频发亟须提升农业生产韧性

四川省作为我国自然灾害频发的地区,主要影响农业生产的灾害包括高温热浪、极端干旱和暴雨洪涝。2022年夏季,四川省遭遇了罕见的重大高温干旱复合事件,高温突破历史记录,四川盆地和重庆的高温日数多达40天以上,其中,四川盆地东北部及重庆西部、中部和东北部高温日数超过50天,干旱事件导致长江中上游干流和主要支流的流量为历史最少。这一极端气候事件对农业生产造成了严重影响,据中国气象局气象灾害管理系统统计,四川、重庆、云南、贵州四省(市)因高温干旱灾害造成的经济损失高达63.6亿元人民币,受灾人口超过912.9万人。根据四川、重庆、云南、贵州、西藏五省(区、市)的气候中心2022年气候影响评价报告显示,持续的极端高温少雨天气造成农田、旱地水分入不敷出,旱地土壤失墒严重。大范围的伏旱叠加持续异常高温造成一季稻结实受到不同程度危害,出现高温逼熟现象;再生稻蓄留困难;夏玉米果穗变小,籽粒偏少,百粒重降低,部分地方甚至无收;高粱、玉米、应季蔬菜等出现叶片萎蔫、灌浆时间缩短、提早收头等现象;茶树、花椒等经济作物出现新枝萌发困难、叶片枯萎或枯死等旱害现象;烤烟成熟采收期受到严重影响,甚至绝收,部分成熟烟叶出现返青。农业经济损失累计超过29.4亿元人民币。(钟佳利 等,2022)极端天气气候事件不断增多,尤其是四川盆地、攀西地区更容易受到热浪袭击,城市"热岛效应"也变得更加凸显。同时,贡嘎山等地区的冰川和高寒冻土消融加剧,为农业生产带来新的不确定性。水旱灾害、地质灾害、森林草原火灾、病虫害等自然灾害的致灾危险性也随之增大,呈现更加突发、异常和不可预见的特征。自然带谱向更高纬度、更高海拔缓慢迁移,川西高原物种可能增加,生态系统演替加剧,生物多样性和生态系统稳定性面临巨大压力。主要河流金沙江、雅砻江等的年径流量可能增加,但水文水资源波动幅度也增大,为水安全

保障带来更多挑战。在这种情况下，农业气候资源分布格局逐步改变，农作物种植界限不断北移，生产的不稳定性明显增加，威胁粮食和其他重要农产品的稳定安全供应。

《四川省应对气候变化 2023 年度进展报告》总结了四川省在 2023 年应对气候变化的主要进展和成效。首先，从根本上将应对气候变化摆在重要位置，构建减缓和适应气候变化政策行动体系，出台多个实施方案和行动方案。其次，制定《四川省高标准农田建设技术规范》，实施了"天府良田"建设攻坚提质行动，土壤改良 330 万亩。并且推动耕地轮作种植，129 个县轮作面积达到 280 万亩。最后，完善了节水抗旱稻品种抗旱特性鉴定技术体系，筛选节水抗旱稻试验品种 9 个。这些举措旨在提升四川省农业生产的适应能力和韧性，以应对气候变化带来的挑战，通过提高农田建设标准、优化作物种植结构、强化品种选育和病虫害防治等措施，增强农业系统对极端气候事件的抵抗力和恢复力，确保粮食安全和农业可持续发展。

在未来，面对气候变化与频发的极端自然灾害时，农业科技将成为提升农业发展韧性的关键力量。通过全方位的科技创新，四川省农业才能更好地适应气候变化与频发自然灾害的挑战，实现农业的可持续发展。培育气候适应性强的作物品种是农业科技亟须解决的首要问题。面对气温上升和降水不规律，农业科技研发应加速新品种的培育，这些品种要具备抗旱、抗涝、抗病虫害等特性，以提高农作物对极端天气的适应能力。数字农业技术将发挥更为重要的作用，通过大数据、物联网、人工智能等技术，农业科技可以实现对气象信息、土壤状况、病虫害等的实时监测，提供精准的农业管理建议。智能化农业装备也将大幅提高生产效率，减轻农民劳动负担。这种技术的广泛应用将为农业提供更精细化、智能化的解决方案，以应对气候变化和灾害风险。水资源管理和节水农业将成为农业科技创新的重点，针对气候变暖和干旱频发的情况，研发高效的灌溉系统、节水农业技术，降低农业对水资源的依赖，成为迫切需要解决的问题。四川省农业科技的发展需着眼于培育适应性强的作物品种、推动数字农业技术的应用、加强水资源管理和节水农业研究，并注重科技成果的快速转化和农民的培训与技术推广。

五、人民美好生活向往对农产品品质与食物安全诉求更高

"大食物观"是一个全面、系统的食物安全理念，强调的不仅仅是粮食的供给，而是要全方位、多途径地满足人民群众对各类食物的需求，包括肉类、蔬菜、水果、水产品等。随着人民生活水平的提高，对食物的需求已经从"吃得饱"转变为"吃得好""吃得健康"。意味着要紧跟人民群众食物结构的变化趋势，不仅要保证粮食的充足供给，还要确保其他各类食物的有效供给，以满足人民对食品选择多样化、营养均衡化和饮食健康化的追求。四川省城镇居民消费范围不断拓展，结构持续优化，食物消费从生存型向发展型、享受型转变，消费升级成效显著。2020年，四川省城镇居民恩格尔系数为32.6%，已接近30%的富裕线；城镇居民家庭人均肉禽蛋奶和水产品消费量86.3千克，居民膳食结构快速升级（赵颖文 等，2022）。但由于四川省耕地面积有限，需要处理好粮食和其他重要农产品可能存在的生产空间竞争问题，需要避免肉类、蔬菜、水果、水产品等各类食物供给的大幅波动，践行大食物观，向森林、草原、江河湖海要食物，发展木本粮油、森林食品、植物基肉制品。人民对美好生活的向往在保障粮食安全的基础上，也转移到对食品安全的诉求。食品安全关乎人民群众身体健康和生命，发展食品安全检测技术也是未来满足人民需求的重要任务之一，包括食品理化检验技术、食品微生物检验技术、食品中农兽药残留检测技术、食品快速检测技术，将农产品标准化水平提高，提升综合效益与市场竞争力。实施食品安全战略，源头在农业发展，既是让人民过上高品质生活的迫切需要，也是实现乡村振兴、共同富裕的重要保障。

四川省为践行大食物观的理念，在确保粮食安全的基础上，为满足人民美好生活对农产品品质的需求，从以下几个方面进行了统筹布局。一是拓展食物直接和间接来源，挖掘新型食品资源，保障各类食物有效

供给。四川省在保障传统粮食作物稳定生产的同时，积极探索和拓展新型食品资源，以满足人民群众日益多样化的饮食需求。通过科技创新和政策支持，鼓励农民和企业开发新的食品来源，如昆虫蛋白、海洋食品等，从而丰富食物种类，提高食物供应的多样性和稳定性。二是积极发展经济林和林下经济。四川省拥有得天独厚的自然条件，经济林面积超过 5 500 万亩，为发展林下经济提供了广阔的空间。四川省大力发展木本粮食（如核桃、板栗等）、木本油料（如油茶、橄榄油等）、森林蔬菜（如竹笋、香椿等）、森林药材（如杜仲、黄柏等）、林产调料（如花椒、八角等）、林产饮料（如茶叶、咖啡等）、森林水果（如猕猴桃、蓝莓等）以及食药用花卉八类经济林作物。通过推进经济林的转型升级和提质增效，不仅提高了土地利用率和产出效益，还促进了农村经济的多元化发展。四川省通过实施林下种植、林下养殖和林下采集三大模式，结合当地实际情况，不断优化和强化林下经济。广元昭化区的林下中药材栽培、泸州叙永的林下食用菌产业示范项目、达州万源旧院黑鸡的林下养殖产业等一系列实践举措纷纷取得成效，全省林下种植、养殖、采集总面积已超过 1 700 万亩，实现了土地资源的多元化利用和增值。到 2030 年，四川省全省目标是林粮经营面积达到 1 亿亩，实现年产林粮 2 000 万吨，年综合产值达到 3 000 亿元，带动全省林农人均增收 2 400 元，建成全国领先的森林粮库示范省份。三是培育发展生物农业。四川省积极响应国家发展生物经济的号召，积极发展合成生物技术，稳慎推进新型食物产业化。通过引进和培育具有自主知识产权的生物育种技术，推动农业生物技术的创新与应用。同时，加强生物农业产业链的构建和完善，促进生物农业与食品加工、生物医药等产业的融合发展，形成具有四川省特色的生物农业产业集群。四是发展食品发酵工业。加快非粮生物质制糖等技术研发应用。四川省充分利用丰富的农产品和生物质资源，发展食品发酵工业，推动传统发酵食品的技术创新和产业升级。同时，积极探索非粮生物质制糖等新技术、新工艺的研发与应用，降低对传统粮食资源的依赖，提高食品工业的可持续发展能力。通过加强科技创新和成果转化，推动食品工业向高端化、智能化、绿色化方向发展。通过统筹布局和各项措施的实施，有效保障粮食安全，推动农业产业的多元化和可持续发展，为践行大食物观的理念提供了有力支撑。针对食品安全问题，四川省积极响应人民对美好生活的向往，通过制定并实施《四川省食品安全条例》和《四川省深入推进农产品质量安全省建设行动方案》等一系列政策文件，明确了提升农产品品质和食品安全的详细措施与目标。这些举措体现了四川省坚持农产品"保安全"与"优品质"同步推进的理念。在保障质量安全的基础上，四川省不断完善相关标准，建立健全食品安全责任体系，并加强对食品，特别是新型食品，从生产到消费全过程的监管。通过这一系列努力，四川省致力于提升食品全链条的质量安全保障水平，确保人民群众"舌尖上的安全"，为公众的健康生活筑起坚实的防线。

六、新一轮科技革命引领农业产业及科技发展走向新时代

2023年9月，习近平总书记在黑龙江视察，强调要"整合科技创新资源，引领发展战略性新兴产业和未来产业，加快形成新质生产力"。在2024年的政府工作报告中，新质生产力被进一步明确提出大力推进现代化产业体系建设。随着在数字化、网络化、智能化等方面的技术进步，新一轮科技革命催生了农业新质生产力，相对于传统的农业生产力而言，它是指大量运用大数据、人工智能、互联网、云计算与高素质劳动者、大数据信息等要素紧密结合而催生的新产业、新技术、新产品和新业态。新一轮科技革命与农业产业最相关的就是信息技术和生物技术。信息技术在农业方面应用十分广泛，一是农业生产管理的信息化，和传统的精耕细作农业模式相比，现代农业大规模、集成化农业种植生产模式具有更大的管理难度与更多的信息量，若依然以传统模式去管理，则可能会出现各种问题和漏洞（刘国祥，2022）。在农业生产种植中构建信息化管理系统，收集农业种植数据并进行科学分析，为农业种植决策提供科学的参考依据。构建信息化管理系统，在实现信息数据共享的同时，要为农业生产提供大量的有效数据，从而指导生产科学制订

种植方案，这对于提高农业生产水平具有重要意义。二是农业生产中的作物和环境监测技术，运用传感技术能够对作物的生长过程进行有效监测，及时掌握有关于农作物生长环境的数据，从而为实现农作物生产精细化管理提供数据支持。生物技术也经常被应用在农业生产中（翟立国，2022）。生物技术能够保证种子的生产品质，使种子从发芽至生长期间能够被人为控制，这对于提高种苗的品质具有非常重要的作用。培育农作物时可借助生物技术来防治病虫害，比如增强种子的生命力，提高农作物本身的抗病能力，基因编辑技术等也可以为种质资源安全等作出贡献。无菌环境下，利用人工诱导方式培育植物幼苗，这种育苗技术更为精细，为后续的高产稳产奠定基础。使用生物技术还有利于提高农产品的品质，绿色环保型杀虫技术可以在保障农作物生产的基础上，减少化肥及农药的使用量，这样既能实现绿色生产种植，又能提高产品的质量。在农业生产种植中使用生物技术有利于农业生产的可持续发展，它不但能够提高农作物种苗的生长品质、强化其抵抗能力，还能持续研发新品种，使农作物的多样性更为丰富。

四川省目前正积极发展农业新质生产力，推动农业产业转型升级，实现农业现代化，具体措施包括：一是攻克颠覆性技术，实现技术革命。布局农业领域重点实验室，依托西南作物基因资源发掘与利用国家重点实验室等平台，深化与崖州湾国家实验室的战略合作，聚焦现代种业、智慧农业、食品加工、农机装备等"卡脖子"关键问题，努力攻克前沿性颠覆性技术。二是积极探索数字农业发展路径，鼓励利用遥感、物联网、5G、大数据、人工智能等现代信息技术，打造农业数字化应用场景，推动现代信息技术与农业生产、经营、服务深度融合。四川省作为农业大省，积极响应国家号召，率先在数字农业领域进行了广泛探索与实践。在设施农业方面，四川省大力推广了环境监测系统和智能灌溉技术，通过精准感知作物生长环境的数据变化，实现了灌溉作业的智能化管理，进而构建了高效的智慧生产管理体系。这不仅有效节约了水资源，还显著提高了农作物的产量和品质。在养殖业领域，四川省聚焦于智能化环境控制、精准化饲喂管理以及病害监测预警系统的应用，这些技术的应用极大地改变了传统养殖模式，实现了养殖环境的自动调节、饲料投放的精准控制以及疾病的早期预警，有效降低了养殖成本，提高了动物健康水平和养殖效益。对于水产养殖，四川省则重点推广了病害监测预警系统、循环水装备控制系统以及网箱自动升降装置，这些技术的集成应用，不仅提升了水产养殖的智能化水平，还促进了水资源的循环利用，减少了环境污染，成功打造了数字化、可持续的水产养殖模式。为了验证并推广这些数字技术赋能现代农业的成功案例，四川省通过设立试点示范区，不断探索数字技术应用于农业生产的实践路径，并在此过程中积累了丰富的经验，形成了一系列可推广的智慧农业成功模式和经验。截至2024年，四川省在数字农业领域的努力取得了显著成效：全省共有4个基地荣获全国农业农村信息化示范基地称号，16个创新案例成功入选全国智慧农业建设典型案例集，220个国家级、省级和星级现代农业园区全面实现了信息技术在生产、经营、管理、服务等多维度的深度融合与应用，同时，全省范围内已建成并投入使用的智慧农业应用场景达到333个，这些成就充分展示了四川省在数字农业发展道路上的坚实步伐与卓越成就。三是完善现代化农业产业体系，整合农业产业链，优化农业资源配置，确保农村经济社会全面进步。推动农业从生产、加工到销售的全产业链发展，提高农产品附加值。加强农产品品牌建设，提升四川省农产品的市场竞争力。同时，加强现代农业烘干冷链物流体系建设，加快建设功能完善、上下游衔接、设施先进、布局合理、高效运行的农产品烘干冷链物流体系，解决好农产品产地"最先一公里"和城市配送"最后一公里"问题。

第四章
四川省现代农业发展需解决的关键问题及科技需求

一、四川省现代农业发展面临的共性问题及科技需求

加快建设现代化农业是构建新发展格局，也是着力推动高质量发展的必然要求。通过分析四川省经济社会发展情景发现，在建设现代化农业的过程中还有一些亟须解决的问题。本部分结合四川省农业发展历史数据、农业发展现状、相关政策等多个方面，对四川省建设农业强省仍需补齐的短板问题进行了深入分析、梳理和总结，从六个维度针对短板问题列出了技术需求清单。

（一）粮食安全及其他重要农产品保供

四川省是一个农业大省、资源大省，更是全国粮食主产省之一、西部唯一的粮食主产省，全省的粮食生产能力和质量直接关系着国家粮食安全。从《2022年四川省统计年鉴》数据来看，粮食总产量整体呈现上升趋势（图4-1），已经连续3年保持在3 500万吨以上，但四川省同时也是一个人口大省、粮食消费转化大省，粮食产量的增长率实际没有稳定地高于人口增长率，2014年、2018年、2019年、2022年的粮食

产量增长率低于四川省常住人口增长率（图4-2），粮食生产存在供需缺口，省内粮食自给能力依然是目前四川省面临的现实挑战。

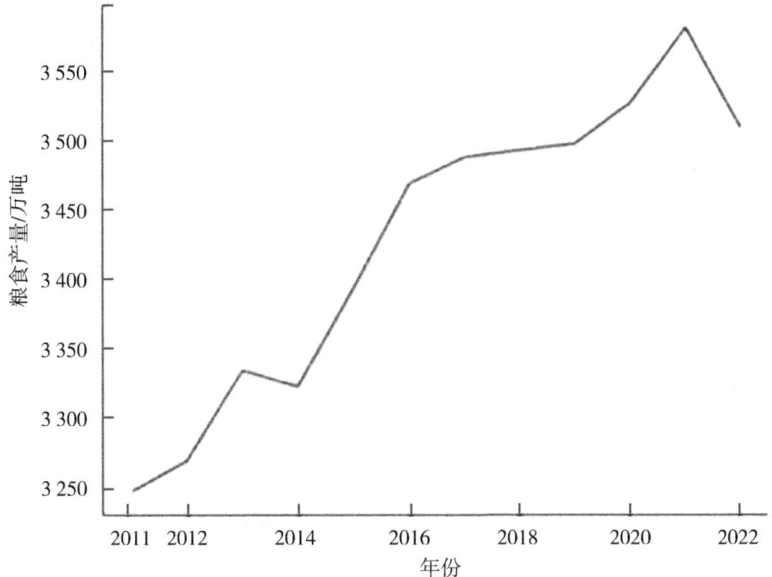

图4-1　2011—2022年四川省粮食年总产量

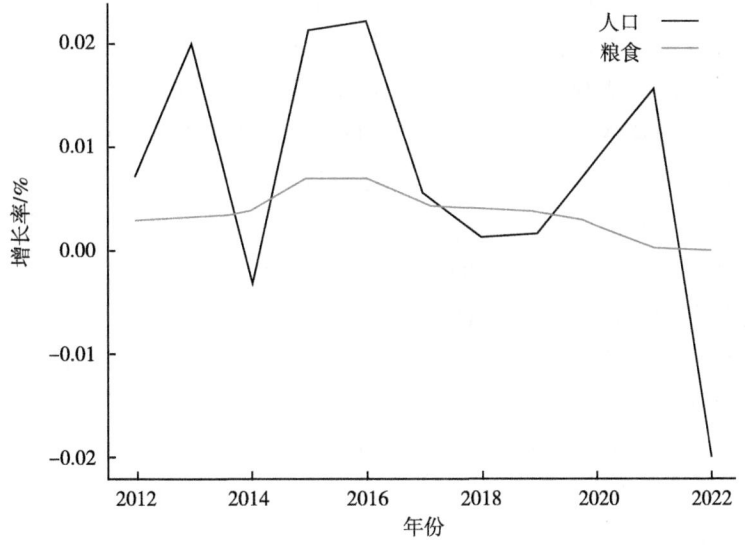

图4-2　2012—2022年四川省人口和粮食产量年增长率

1. 关键问题

（1）种质资源利用不充分

四川省是全国农作物、畜禽、水产、农业微生物等种质资源最丰富的地区之一，全省森林覆盖率高达40.23%，具有丰富的野生脊椎动物、林竹种、菌类、野生林果、野菜资源（闫丽新 等，2023）。由于种质资源的保护状况不佳，某些地方特色品种数量整体呈减少趋势，甚至有些品种处于易危或濒危状态。如小麦"矮粒多"、玉米"狗牙齿"已消失，再比如地方种猪遗传资源个别品种的保种群规模已不足100头（蒋小松等，2021）。从品种来看，表型与基因型精准鉴定等技术严重滞后、育种创新利用不足，新品种鉴定利用不充分，导致有资源未开发利用（谯江兰等，2021）。另外，近年来四川省种业影响力也在不断下降：在"十三五"期间，国家审定二级以上优质稻品种中，广西有209个，四川省仅41个（农业农村部，2021）。中国农业科学院评估表明，四川省水稻育种的整体实力在全国由2011年的前2位下降至目前的第8、第9位。

（2）耕地高效持续利用率不高

四川省地形地貌、气候生态、土壤种类、作物种类都十分丰富，但人口众多宜机化耕地资源较少。耕地的高效持续利用是保障粮食安全的关键步骤，四川省耕地地貌多样，局部地区大机器进不去，小机器跑不动，不宜机械化的问题客观存在。我国农机化整体水平为66%，丘陵地区仅不到40%。而四川省丘陵地区行政区域面积89 279千米^2，占全省总面积的18.4%，四川省丘陵地区县域常住人口却占全省总人口的49.3%（安南，2022），是四川省人口最为集中的区域之一，人多耕地少的问题尤为突出。一是，农田基础设施状况，部分地区田间缺乏机耕道；二是，地块起伏较大，耕地分布较散，对农机装备要求高。三是四川省耕地面积在逐年减少，根据2022年四川省第三次全国国土调查主要数据公报，全省耕地面积为522.72万公顷，而2018年四川省的耕地面积为672.28万公顷，减少了22.25%。

2. 科技需求

为深入种业振兴，提出以下三个方面的科技需求：一是强化种业科技持续创新的物质保障，建设种质资源收集保存库，保存好西南区特色农业基因资源，促进优异基因的发掘与育种应用。二是落实系统环境监测站，增加投入建设农业科学观测试验站和野外观测研究站，对水资源、土壤资源、气候、自然灾害、生物灾害等方面进行动态监测，将收集的气象信息、土壤质量、水质状况等这些数据存储到农业数据库中，为科研、生产管理提供重要参考依据。三是建立"作物基因组智能设计育种"的跨学科、多交叉技术体系，让人工智能与分子育种生物技术有效结合，共同支撑作物育种科学向更高层面发展，实现生物育种 2.0 时代到 4.0 时代的跨越。

针对耕地利用效率不高问题，需要围绕耕地宜机化进行改革创新。为了让薄田碎土变成希望良田，提出以下三个方面的科技需求：一是构建田间作业便道，让设备能进入田间。引入自动化灌溉系统，解放人力。二是耕地宜机化改造要有针对性，在改造前需要进行详细的地质勘察工作，要根据地形、土壤厚度、水文地质、基岩坡度来确定田块的大小。三是开展"以地适机"和"以机适地"的双向适应，根据不同的耕地地形地貌进行研发测试，定制化农机装备。

（二）农业生产方式落后

1. 关键问题

立足四川省情，精准施力提升农业质量效益与竞争力，推行先进、绿色、可持续发展的农业生产方式才能让天府粮仓多装粮、装好粮。四川省委、省政府印发的《建设新时代更高水平"天府粮仓"行动方案》提到农业灌溉能力不足、机械化水平较低、种粮不赚钱等是建设"天府粮仓"当前面临的突出问题。根据省委办公厅印发《四川省创新体制机制推进农业绿色发展实施方案》，到 2030 年，全省农产品供给更加优质安全，耕地质量水平和农业用水效率进一步提高，农业废弃物全部实现资源化利用，农业绿色发展制度体系全面建立。现代农业生产方式要向绿色、低碳、可持续发展转型，低碳农业协调了经济和生态效益，提高了生产效益，是"碳中和"愿景下现代农业发展的新方向。

2. 科技需求

针对农业生产方式落后问题,提出以下三个方面的科技需求:一要推动发展种养结合循环农业,实行种养结合循环农业试点示范,推行"高效种植—生态养殖—沼气工程—有机肥料"等科学种养循环模式。二要实施化肥和农药零增长行动,对化肥减量增效技术、农兽药等污染物残留动态监测、声振动果实无损检测技术等进行深入研究。三要推进农业废弃物资源化利用,设置沼气工程,建设有机肥中心对畜禽粪污集中处理、循环利用,强化农业包装废弃物和农田残膜回收处理技术,持续发展秸秆腐熟还田、食用菌基料利用和固化炭化技术研究,提升全省秸秆、畜禽粪便等农业废弃物综合利用率。

(三)农业装备发展进程缓慢

1. 关键问题

根据 2022 年四川省统计局统计的全省农机装备动力数据指标(表 4-1)来看,农机化发展进程仍然较为缓慢,截至 2022 年,四川省农机总动力 4 900 万千瓦,大中型拖拉机、联合收割机保有量分别比 2015 年增长 60%、90%,但离全国平均水平尚有差距。四川省农机装备发展仍存在农机品种单一、作业效率低下、农机装备科技创新能力弱、农机与农艺融合不足等问题(随顺涛,2019)。

表 4-1 四川省农机装备动力数据

年份	农业机械/万千瓦	农用大中型拖拉机数量/台	农用大中型拖拉机动力/万千瓦	农用小型拖拉机数量/万台	农用小型拖拉机动力/万千瓦	机动脱粒机/万台	谷物联合收割机/台
2011	3 426.10	107 484	246.51	12.47	147.99	115.90	14 086
2012	3 694.03	115 036	267.45	12.55	141.66	126.60	18 499
2013	3 953.09	121 753	291.65	11.91	134.40	135.20	22 498
2014	4 160.12	126 104	307.48	11.36	127.07	160.60	26 115
2015	4 404.55	132 242	331.40	10.45	115.52	172.80	29 433

(续表)

年份	农业机械/万千瓦	农用大中型拖拉机数量/台	农用大中型拖拉机动力/万千瓦	农用小型拖拉机数量/万台	农用小型拖拉机动力/万千瓦	机动脱粒机/万台	谷物联合收割机/台
2016	4 267.32	134 754	339.74	10.06	109.29	173.12	34 731
2017	4 420.30	134 088	348.24	9.69	104.40	169.65	36 021
2018	4 603.88	74 614	247.22	15.34	220.01	168.82	37 278
2019	4 682.30	74 408	257.32	15.00	216.91	170.15	37 430
2020	4 754.00	76 077	271.42	14.82	215.29	171.20	38 211
2021	4 833.88	76 673	279.94	14.42	209.37	172.88	39 256

2. 科技需求

为推进农业机械化和农机装备产业的发展，提出以下四个方面的科技需求：一是研究针对不同作业主体的农机装备，做好粮棉油糖等重要农产品生产的机械化装备，也要发展果菜茶等经济作物农机装备。二是引进先进适用的农机装备现代生产要素，如无人机施肥打药技术、自动化控制技术、信息化技术（传感器、监测仪器）等。三是落实农机装备社会化服务，引导小农户与现代农业有机衔接现，把生产环节集中起来，统一委托给服务主体完成。四是提升农业相关从业人员科技素养，在农业科技创新过程中，要落实好乡村振兴重点帮扶制度着重培养高素质农民、基层农业科技人员，加强对创新技术、产品的推广宣传，为带动落伍者、迟缓者做充足准备，提升成果转化效率，利用新技术提高农业生产效率和品质。

（四）局部地区工程性缺水

1. 关键问题

四川省委、省政府印发的《建设新时代更高水平"天府粮仓"行动方案》提到农业灌溉能力不足是建设"天府粮仓"当前面临的突出问题之一。四川省内水资源丰富但时空分布不均，局部地区工程性缺水问题突出，全省耕地有效灌溉面积占比不到50%（四川省农业农村厅，2023）。受全球气候变暖和城市化进程加快的影响，未来四川省干旱灾害、极端高温事件有增多增强的趋势。由于粮食作物基本以露天种植为主，降水、温度、土壤湿度是影响粮食产量的重要因素。水资源既是农业的根基命脉，更是粮食保供、稳产增产的大前提。

2. 科技需求

为实现精准供水，减少水资源浪费，提出以下两个方面的科技需求：一是因地制宜研发针对四川省不同区域的节水灌溉技术，建设包括水库、灌溉渠道和水泵等基础设施配套的高效灌溉系统。二是利用微生物处理水中的富营养物技术和提取地下水技术都需要大力发展。

（五）烘干冷链物流集散体系建设不完善

1. 关键问题

四川省多样的气候、地理条件，孕育了众多优质特色果蔬产区，四川省果蔬80%以上为鲜食鲜销，以特色果蔬为主的生鲜产品供应链是四川省现代农业重要组成，也是乡村振兴和民生保障的重要支撑。但由于供应链体系的规模化、标准化不足，为贮运管理带来了很多问题，导致生鲜产品生产后供应链贮运环节的腐损率高达30%，影响了四川省优质农产品的有效供给。通过农产品仓储保险冷链物流设施可以扩大生产和消费联系的范围。在农业生产经营中的农产品产销对接环节，烘干冷链物流、无菌贮藏与包装、快速分离监测等农业科技设备的基础建设也是保障农产品质量安全的必不可缺的步骤。

四川省农产品烘干冷链物流体系起步较晚，基础较弱。2020年果蔬、畜禽产品、水产品等农产品产量7 000万吨左右，有70%~80%进入市场流通，然而现有冷库容量只能满足15%左右的需求，比全国平均水平低5%。说明农产品保鲜冷链仓储需求也存在较大缺口。2020年四川省农业农村厅已经将建设农产品仓储保鲜冷链物流设施建设工程作为"三农"领域补短板的重大农业基础设施建设项目。

2. 科技需求

针对烘干冷链物流体系建设问题，提出以下四个方面的科技需求：一是加快建设各类主体的新型烘干冷链基础设施，建设一批集粮食烘干冷藏、果蔬茶综合加工、流通、集散批发等功能于一体的物流中心。实现"一村一库"的现代农业烘干冷链物流体系。二是推广农产品精加工、深加工技术装备，加快农产品加工企业技术升级改造，提升农产品精深加工水平。三是完善四川省冷链物流枢纽网络及县乡村三级物流体系，改善缺链、断链问题。四是探索冷链物流建设新模式，探索冷链运输节能环保技术，推进新能源、信息化、智能化技术在农产品物流环节的应用。

（六）农产品精深加工能力较弱

1. 关键问题

《关于加快农产品加工业发展的实施意见》在2017年设定了四川省农产品加工的主要目标：到2022年农产品加工业规模翻番、农产品初加工率达到60%、农产品加工业总产值与农业总产值比达到2.6∶1。《2022中国农业企业500强》统计的数据表明四川省农产品加工企业仅23家，头部企业数量有限，截至2021年底，四川省农产品加工领域高新技术企业和科技型中小企业分别为150家和587家，占全省同类企业总数比重分别为1.5%和4%（全晓艳，2023）。加强食品加工创新能力的建设，有利于提高食品原料高值化利用率和经济效益；加快油粕、糟渣、果皮、蚕茧、动物内脏和骨血深度开发，生产食用性蛋白、生物基纤维、生物制品等高附加值产品的深度开发，进一步提升农产品加工业带来的经济效益和增值空间；建立低碳、低耗、循环、高效的加工体系，落实农产品副产物向工业产品转化的循环利用。

2. 科技需求

针对农产品加工能力较弱的问题，提出以下两个方面的科技需求：一是发展农产品精深加工技术，与农业、食品营养学、食品加工以及医学等多个学科交叉互补共同推进。二是利用高维度、跨层次、多模态的食物大数据，精准对接民众对食物的高层次、个性化需求，满足消费市场对"好吃+功效"的双重需求，创造川字号特色加工食品。

二、四川省五大农区农业发展需解决的关键问题及科技需求

四川省地域广阔、地理差异明显，参照《四川省自然地理环境与农业分区》一书中的研究成果，本次研究将四川省全域划分为五大农区，分别是盆西平原区、盆地丘陵区、盆周山地区、川西北高山高原区和川西南山地区。盆西平原区作为核心区域，以成都为中心，是主要的粮食生产基地和重要的经济作物栽培地区。盆地丘陵区，由于地域特性，主要以种植经济和果树业为主。盆周山地区，地理位置、地貌特征与气候条件的结合为当地茶叶等农业生产提供了得天独厚的条件。川西北高山高原区，地区海拔较高，气候寒冷，但却非常适合一些特定作物和畜牧业的发展。川西南山地区，以种植玉米、棉花等经济作物为主，特别是棉花产量为全省的棉纺织业发展提供了可靠的原料保障。在四川省加快建设农业强省的背景下，明晰五区发展关键问题及科技需求，不仅是破解区域发展不平衡问题，推动"五区共兴"的现实需要，也是推进四川省现代化建设的必然要求。

（一）盆西平原区

1. 发展现状

盆西平原区位于四川盆地西部边缘平原区，是全省唯一的以平原为主的大区，包括成都市、德阳市、绵阳市、眉山市、乐山市的平原部分和雅安市名山区，总面积为 26 344.6 千米^2。地形相对平坦，地势开阔，水系丰富，气候湿润，具备良好的自然条件，这对于盆西平原区的农业生产、人口聚集和城市发展起到重要的促进作用，尤其在农业生产上，扮演着非常重要且特殊的角色。该区农业生产与发展主要以种植业（如

水稻、小麦、茶叶）和畜牧业（如猪肉养殖）为主。当前，盆西平原区在种业技术、循环农业和数字农业方面取得了较为显著的成效。但与国内外农业发达地区相比，仍存在较大差距。

2. 关键问题

（1）育种新技术研发应用滞后

种子是农业的"芯片"。盆西平原区承载着打造更高水平的"天府粮仓"的重任，尽管已取得了长足的发展，但是种业发展的短板依然明显，主要体现在：一是关键技术仍在跟跑，颠覆创新少。当前育种处在以杂交选育为主的"2.0时代"，在基因编辑、分子设计和人工智能等新兴育种技术研发应用方面的短板较为明显，缺乏"生物技术+人工智能+大数据信息技术"的应用和推广。此外，育成品种在产量、品质、外观以及适合机械化、轻简化栽培上与先进水平有较大差距。二是缺乏具有突破性的当家品种。2020年四川省农作物品种权保护申请量238个，授权量41个，分别列居全国第15位和第18位；育种新材料选育动力明显不足，品种选育上基本是利用已有的亲本材料进行组配选育，并且模仿修饰育种现象普遍，品种同质化问题突出，能够在全国范围内广覆盖的大品种基本空白（胡旭 等，2023）。三是农作物制种基地建设和产业发展不平衡。尤其是随着经济作物效益的逐年提高，租赁田地成本日益增高，主要粮食作物制种成本也相应上涨，"两杂"种子制种基地逐步退出历史舞台，由此导致主要粮食作物与经济作物的制种基地建设和产业发展之间不平衡（颜学海 等，2020）。

（2）耕地面积锐减，耕地质量下降

随着工业化、城镇化进程的加快，盆西平原区的耕地面积在不断减少，耕地质量逐步退化，资源环境承载压力不断增加，耕地利用同耕地保护之间的矛盾日益凸显。主要体现在三个方面：一是耕地资源锐减，面临"无地可耕"的状况。第三次全国国土调查，盆西平原耕地面积10年间减少了40%。一方面，已转用的耕地复耕复垦难度较大，需要"海量投资"；另一方面，一些地方"占优补劣"等现象较为严重，导致耕地质量有所下降（罗浩轩，2023）。二是耕地破碎度问题较为明显，耕地破碎度的空间分异问题显著。具体体现为耕地破碎度从中心向四周辐射，在东北东南和西南方向存在显著的递增趋势，只有西北方向呈先递增后递减趋势（欧铭鑫 等，2023）。此外，由于区域内建设用地布局的不合理，农用地受道路交通、城镇、村庄、工业园区等建设穿插布局的影响，成片成规模的农用地也在逐渐减少（吴琳璐，2021）。三是土壤污染加剧，耕地质量下降。尽管该区域的耕地条件和灌溉系统普遍较好，农用地等级普遍较高，但是由于工业化"三废"未经处理排放，农药、化肥过量施用和不合理的耕作方式，使土壤重金属污染加重、土壤酸化加剧，使优质耕地质量与等别有所下降（王浩 等，2012）。

（3）农业面源污染严重阻碍农业可持续发展

近年来，盆西平原区受化肥施用量增加、畜禽养殖规模扩大、农村生活污水排量增加、工业及城市化的影响，地下水水质监测发现硝酸盐、氨氮等指标总体呈增长势态，部分井点氨氮、硝酸盐浓度甚至成倍增加，出现地下水"三氮"污染（张涵 等，2019）。当前，各类污染物和其他农业废弃物对土壤的破坏，已经对盆西平原区农业实现绿色高质量发展造成了阻碍。一是农业废弃物资源化利用效率较低，循环农业生产模式的推广力度不强。多数农户和经营主体对农副产品废弃物再利用所产生的经济、社会、生态效益认识不足，导致其对畜禽粪污等农业废弃物资源化利用效率较低；并且农业生产多以小规模分散经营为主，种植方式差异较大，不利用循环农业生产模式的推广（罗璐，2020）。二是农业废弃物处理能力与生产能力不匹配，缺口较大。未被利用的化肥和农药、畜禽养殖业的粪便、废弃秸秆焚烧、农膜残片积留等造成的土壤、大气和水体的恶性循环污染仍较为严重（齐瑞丽，2021）。针对畜禽粪污、秸秆等农业废弃物的利用以及农药包装物的综合处理，仍缺乏先进的处理技术，并且前期成本投入较高，同时又缺乏相应的政策扶持（朱琳敏，2018）。

（4）数字农业建设相对滞后，应用服务场景亟待挖掘

在数字农业的推动下，盆西平原区在发展都市农业和智慧农业方面取得了一定成效，但总体仍处于起步阶段，发展水平较低，尚未形成成熟的、可推广的经验和模式。一是农业生产信息化发展水平不均衡。农

业生产信息化水平主要涵盖大田种植、设施栽培、畜禽养殖和水产养殖4个领域。尽管成都市、绵阳市、乐山市、眉山市农业生产信息化高于全国平均水平（22.46%），但德阳市、雅安市的农业生产信息化水平却较低。同时，德阳市的畜禽养殖和水产养殖信息化水平，以及雅安市的大田种植和水产养殖信息化水平均低于10%。二是尚未建立统一的农产品质量安全检测监管溯源系统。目前，成都市数字农业农村大数据平台体系初步框架已建成，大数据农业产业发展指数全国排名第9位，但有关农产品生产、运输、批发、零售、消费等环节的农产品质量安全检测监管溯源系统仍未形成，无法实现对各区（市）农产品农残检测质量以及农资销售情况的监管（成都市农业农村局，2022）。同时，多数农业项目生产的农产品质量保障力度依然不够，农业的肥料、农药以及畜牧业使用的饲料、兽药等依然缺乏完善的安全管理机制（钟佳利 等，2022）。三是数字技术应用赋能还未深入。目前盆西平原区仅是初步实现了自动化灌溉、农机操作等，且覆盖范围较小，精度较低，缺乏成片规模化的数字化应用。农业经营主体接受数字技术的意愿不强，对数字技术赋能传统产业的认识不足，担忧前期投入成本难以带来后期收益跃升，仍习惯于传统的生产经营模式，导致数字农场、智慧农业等应用尚处于起步阶段。

3. 科技需求

基于盆西平原地区的关键共性问题及发展定位，提出以下科技需求。

(1) 发展壮大现代种业，培育绿色高效突破性重大品种

种业是关系国计民生的战略性、基础性核心产业，党中央、国务院高度重视种子工作和种业的发展。盆西平原构建以粮油（杂交水稻）种业为基础，以蔬菜、花卉、水果、畜禽、水产、中药材等种业为突破的"大种业"格局（陈泳，2023）。以种业产业化发展为主线，聚焦水稻、油菜、玉米、大豆和生猪等短板和弱项，寻求种业发展快车道、走上超车道，培育突破性新品种，同时深挖科技潜力，提升科技创新支撑力量，创新种源关键核心技术，以现代种业园区为载体，以种业龙头企业为抓手，通过"强主体、聚人才、建平台、创机制、优环境"等措施，

延伸完善种业产业链，引导种业产业集群发展。提升现代种业技术创新能力，构建以企业为主体，产学研融合，"育繁推"一体的种业创新体系。

（2）加强耕地保护利用促进农业可持续发展

开展新的全省耕地质量调查与评价，搭建耕地质量建设与管理大数据平台。充分利用各种监测数据，进一步整理耕地地力、肥力、水分利用等基础信息，逐步搭建由基础数据、技术支持系统和管理决策系统构成的耕地质量建设与管理大数据平台。在技术路线上，以土壤改良、培肥地力、养分平衡、耕地修复为重点，实现耕地质量保护与提升。深入实施化肥农药减量化行动，建立农药包装及废旧农膜回收治理体系，加强畜禽粪污资源化利用和养殖尾水治理，农作物秸秆综合利用、受污染耕地安全利用和农村可再生清洁能源替代利用水平全面提升（谢瑞武，2023）。建设秸秆还田、畜禽粪便和农家肥积造设施，着力提高有机肥料投入水平和质量；根据不同耕地与土壤特点，以农机和农艺相结合，配合耕作制度，实施良好耕层构建工程。在典型农田重金属污染地区，建立农田重金属长期监测网络及大数据平台；建设农田重金属污染防控与修复装备生产及产业化示范基地。

（3）补齐生产机械化短板，推进加快农业数字化机械化转型升级

聚焦需求端、供给端、推广端、服务端和保障端，加大主粮生产全过程机械化、信息化、智能化融合关键技术研发。推进植保无人机、智慧灌溉、农业机器人等智能农机研发。研制适应家庭农场的小型、轻便、多功能农机装备和高效节能农用发动机等关键核心部件（四川省人民政府新闻办公室，2023）。围绕粮经作物薄弱环节、经济作物全程机械化、养殖业短板，强化农机农艺融合，促进适用技术组合集成，探索适合不同农作物、不同品种、不同区域特点的农机化技术路线和模式，加快补齐机播（插）、机收等生产机械化、信息化技术和装备短板。大力推动高标准农田建设、农村土地综合整治与农田"宜机化"改造同步实施，持续推进主要农作物全程机械化生产，经济作物、畜牧水产养殖、农产品加工、物流配送、畜禽粪污无害化处理和资源化利用等环节机械化、自动化、网络化、智能化、数字化（绵阳市人民政府办公室，

2021）。继续实施农机购置补贴政策助力现代农机装备发展，农机装备应覆盖农田作业农机、高效植保农机、农作物烘干机械、农产品加工机械、畜牧养殖机械、冷链物流装备方面，重点向粮食主产区、产粮大县以及农民专业合作社等倾斜，进而有效支撑现代农业发展。

（4）防治面源污染，打造绿色生态农业高地

深入实施化肥、农药零增长行动，全面推广测土配方施肥技术，支持新型经营主体、社会化服务组织开展化肥统配统施服务；推进农业投入品减施高效利用，建立农药包装及废旧农膜回收治理体系，规范使用饲料添加剂，推广健康养殖和高效低毒兽药，减量使用兽用抗生素类药物（矫健等，2020）。以秸秆粉碎旋耕还田、秸秆覆盖栽培、秸秆堆沤腐熟还田、秸秆粉碎栽培食用菌等技术为主，开展秸秆综合利用，全面提升农村可再生清洁能源替代利用水平（罗璐，2020）。大力发展生态循环农业，加快推进种养结合循环农业示范，形成"主体小循环、区县中循环、市域大循环"的"三级循环"模式。建立起农业资源高效利用的集约化现代农业经济循环体系，大力普及喷灌、滴灌等节水灌溉技术，选育高立、优质、低碳水稻品种，推行种养结合生态循环技术模式，积极发展复式、高效农机装备和电动水旱轮作农机装备，实行耕地休耕轮作制度，增加土壤碳输入，降低农业碳排放（谢瑞武，2023），开展土壤污染防治，提升农业面源污染治理能力，促进产地环境保护与治理。

（5）加强产业数字化建设，推动农业生产智能化发展

加快解决物联网在传感、传输和分析应用方面的技术突破，实现对农产品的生长环境及生产、加工、流通和销售等过程的全生命周期管理，提升现代农业生产管理等各个环节的智能化程度，使农业经营实现环境可测、生产可控和质量可溯（郭晓鸣，2020）。充分挖掘数字服务场景，打造覆盖粮油规模化种植、科技化生产、集中化加工储备高效化流通、智能化监测等环节的产业全流程管理平台；强化生猪规模化养殖数字化赋能，利用物联网、5G、视频监控等技术，实现对数字养殖基地进行统一管理、实时监控、智能分析。建立农业信息数据库和资源共享平台，以整合和共享农业数据、知识和经验，同时确保数据的安全性和准确性。在数据分析和决策支持方面，充分运用大数据分析技术，对数

据进行处理和分析，提供预警和灾害防控等决策支持，帮助农业工作者科学决策。

（二）盆地丘陵区

1. 发展现状

盆地丘陵区位于四川盆地底部，其北部、南部、西南部与盆周山地地区相连，西部以龙泉山脉与盆西平原分界（王澄宇，2022），包含自贡、内江、资阳、遂宁等15市62县（市、区），是包含县级行政区最多的大区，总面积为90 858.0千米^2。该区气候温暖湿润、四季分明，土壤热量和矿物质充足，农业生产主要以水稻、小麦、玉米和蔬菜等作物为主，但受四川盆地丘陵区地块小、不规则、坡陡弯多、间套种植模式多样、耐密宜机品种缺乏等影响，该区域农业生产方式及机械化发展面临着严峻挑战。

2. 关键问题

（1）农业机械化水平不高和农业装备供给不充分

农业机械化在提高农业劳动生产率、土地产出率和资源利用率等方面发挥着至关重要的作用，是实现农业智能化的强力科技支撑。近年来，四川省农业机械化水平不断提升，主要农作物耕种收综合机械化率67%，比2015年提升了14个百分点，农机户达到230万户，农机合作社达1 350个，分别比2015年增长20%、9%（阚莹莹，2023），农机合作社作业面积近2 000万亩，较2015年增长40%，全省农业机械化作业面积已达1.4亿亩次左右，全省农机总动力突破4 900万千瓦，大中型拖拉机、联合收割机保有量分别比2015年增长60%、90%；水稻插秧机和粮食烘干机保有量更是呈井喷增长态势，分别比2015年增长110%、130%。但四川省农业机械化发展与全国农业机械化综合水平尚存较大差距，主要表现在农业机械化作业水平和农业机械化服务保障水平较低（林楠，2021）。

丘陵区由于耕地田块小、不规则，规模化种植较少，土地利用率较高，水旱轮作农作物间套作普遍，作物成熟度不一致，农机农艺融合困难,导致农机供给矛盾突出,农业机械化水平较低(廖敏 等,2020)。主要体现在:一是作业环节不均衡。农业生产耕作机械、灌溉机械较多,趋于饱和,而播种栽插、收获等关键薄弱环节农机具数量较少,并且各作业环节机械化水平差异明显,农机设备在使用环节比例失调,结构有待优化(张友才 等,2022)。二是作业领域不全面。现阶段农机化生产仅用于水稻、油菜等主要农作物,而蔬菜、林果等经济作物服务水平较低,畜牧、水产等领域机械化水平严重滞后(符刚和马强,2021)。三是农业装备供给不充分。农机工业基础薄弱,农业装备科技创新性投入少,农业装备供给不充分。小马力、中低端机具较多,大功率、高品质机具较少;单项应用的农机技术较多,集成配套的农机化技术较少。绿色、智能、复合型农机装备制造基本空白。四是农机服务主体组织化程度不高。规模化、专业化、集约化、社会化的服务型主体发展不够,缺乏龙头企业带动,标准现代农业产业体系还未完全建立制约了农机化的发展。五是农机投资成本过高。适宜丘陵山区作业的国外小微型农机价格普遍过高,推广难度较大。技术环节烦琐,操作难度较大(陈兵和钟凯,2022)。丘陵山地农业生产实现机械化很难,而且机械化运作成本相对较高,没有竞争优势。

（2）"宜机化"改造基础设施条件差

建设高标准农田是巩固和提升粮食生产能力、保障国家粮食安全的关键举措,也是农民增收的基础保障。盆地丘陵区农田基础设施薄弱状况尚未得到根本改变,耕地基础地力下降趋势未得到有效遏制,许多地方的农田水利设施建设不尽完备,机电提灌设施严重老化,渠系配套不够完善,基本农田改造比例不高。遂宁市宜机作业高标准农田不足30%,农田有效灌溉率不足51%(遂宁市人民政府办公室,2022),2°以上的坡地占80%,其中6°~15°占44.6%,15°~25°占20.7%,不便于大型农机作业(杨茂君,2018)。资阳市农田基础条件较差,现有高标准农田面积仅占耕地面积的44%左右,能实行机械化作业果园不到30%(资阳市农业农村局,2021)。自贡市农田水利设施不够完善,财政专项投入有限,"最后一公里"的入田道路配套欠缺,无法满足农业生产机械化的要求(符刚和马强,2021)。内江市尽管在大力建设高标准农田，但也存在效益不高的问题。扩大高标准农田建设规模，着力解决"有设备开不进田"的问题，是盆地丘陵区"宜机化"改造的关键问题。

3. 科技需求

盆地丘陵地区处于成渝两大极核之间，是人口最多的分区，对于四川省乃至川渝地区发展十分重要。2023年5月14日，中共四川省委、四川省人民政府发布《关于支持川中丘陵地区四市打造产业发展新高地加快成渝地区中部崛起的意见》要求构建具有丘陵特色优势的现代农业体系，坚持科技赋能、示范引领，增强保障成渝地区"米袋子""菜篮子"功能，打造"天府粮仓"丘区示范，切实保障粮食和重要农产品稳定安全供给。针对盆地丘陵种植模式、耕地、农机等方面相互不适应，矛盾突出的问题，应以"应用良种、推广良法、建设良田、配套良机、推行良制"为基本要求，推进"五良"融合，构建农业装备与农艺技术相辅相成、协同推进的高效机械化生产体系。聚焦粮油作物生产机械化、丘陵山区机械化薄弱区域和薄弱环节，对丘陵山区适用的农机整机、关键部件（环节）作业性能及养殖业、设施种植等装备的试验鉴定薄弱环节进行研发攻关；实施高标准农田建设、耕地质量保护与治理提升工程。通过"五良"融合产业宜机化改造、高标准农田建设等项目，扩大高标准农田建设规模，提高建设标准，建设一批生态良好、设施完备、有利于机械耕作的高标准农田，实现农机作业"来去自如、上下自如"，推进主要农作物全程机械化。

（三）盆周山地区

1. 发展现状

四川盆地外围山区，所辖行政区包括达州市、广元市、巴中市等31个县（市、区），四川盆周山地区土地总面积66 255千米^2。由一系列的中低山组成，海拔高度大多在1 000~2 200米，相对高度500~1 200米。大部分区域气候属于亚热带湿润季风气候，四季分明，温和多雨。自然资源分布地域广泛、数量丰富，是长江上游重要的水源涵养区和水土保持区，也是动植物资源集中分布区，具有十分重要的生态地位。山区土地耕垦条件略差,土层瘠薄,水土流失比较严重,但盆周水力资源丰富,土地利用垂直差异显著,也是我国重要的经济林、特产品的基地之一。在这个广袤的地区,农业一直是当地居民的生计来源和区域经济的重要支柱。然而,随着时间的推移和社会变革的加速,四川盆周山地区农业面临了多方面的挑战,需要采取综合性的科技措施来解决。

2. 关键问题

(1) 土地资源的可持续利用性不高

四川盆周山地地区拥有中高山地、丘陵等多种地貌类型,受青藏高原地带抬升的作用,地质构造活动强烈,分布地域广阔,垂直地带分异显著,土壤、气候条件和生态环境类型都趋于多样化,生态系统稳定性较差,属于生态脆弱带,土地资源受到限制,而且土壤质量存在差异,存在土地碎片化、荒地复垦和盆周山地区南部土地石漠化问题。

(2) 盆周山地区面临地质灾害和气候灾害问题

恶劣的地质环境是发生地质灾害的内在原因,盆周山地区多为中低山区,地形起伏较大,水系发育,沟谷深切,褶皱断裂也较发育,多暴雨容易诱发山地灾害及滑坡、崩塌等灾害。诱发地质灾害的外因有降水、降水强度,以及不合理活动。例如,不合理采矿会破坏边坡平衡;不合理的公路施工方式导致边坡失衡;城镇建设因选址不当、排水设施差造成基础变形、边坡失衡;由于滥伐森林,破坏地表植被等容易促进泥石流发育。

四川盆周山地区气候灾害也很频繁。盆东南山地属于中亚热带季风气候类型,具有气候温和、四季分明、热量充足和雨量集中的特点。由于地理位置的不同,季风活动影响及受副热带高压的控制,主要是河谷地区干旱高温和低中山区的低温冷害,气候不稳定和极端天气事件对农业生产造成了威胁。

(3) 存在水资源时空分布不均衡问题

四川盆周山地区面临着干旱和不稳定的降水导致水资源供应不足的问题。季节性差异明显,夏季降水充沛,但降水过程集中,易引发洪涝灾害,给水资源管理带来挑战。相反,在冬季,尤其是高寒山区,降水相对较少，可能导致干旱缺水问题，影响农业灌溉和生活用水。此外，由于地形复杂，山脉分布不均，一些山区由于地势较高或坡度大，水源相对匮乏，制约了当地农业发展。特别是达州、巴中、广元盆周北部山区，暴雨洪灾严重，水利建设欠账较大，泸州、宜宾、乐山盆周南部山区，干旱缺水问题突出，骨干水利工程缺乏。

3. 科技需求

土地碎片化、荒地复垦和土地石漠化等问题需要得到有效解决，以确保土地资源的可持续利用。此外，农地的评估和划分也需要科学方法，以确保土地的合理使用。在应对水资源缺乏这个问题时，需要通过改进灌溉技术、开发高效的灌溉系统来减少水资源的浪费。水资源监测和管理方法也至关重要。此外，需要建立有效的水资源管理机构和政策，确保水资源的公平分配和合理利用。

为了提高农业生产的效率和质量，需要不断推动农业科技创新。例如研发提供适应该地区气候和土壤条件的粮食品种，培育高产高质的畜禽品种。同时，还需要开发新的农业管理方法，以适应干旱和高温条件下的生产。引入智能农业和数字化技术、推广有机农业技术，减少化学农药和化肥的使用，提高农产品的品质。研发适合山区的农机，逐步实现山区农业"零机械化"或"弱机械化"向"半机械化""机械化"转变，提升农业机械化水平。开发循环农业系统也是一个重要的方向。将废弃物和粪便转化为有机肥料，有助于减少资源浪费，提高土壤肥力，同时也有助于环境保护。

（四）川西北高山高原区

1. 发展现状

川西北高原地处青藏高原与四川盆地之间的过渡地带，位于 $27°57'\sim34°21'$N 和 $97°22'\sim104°27'$E，位于青藏高原东南缘、四川省西北部，地跨阿坝藏族羌族自治州和甘孜藏族自治州，包括阿坝、甘孜等 31 个县（市、州），总面积约 2.4 万千米^2，占四川省总面积的 48.82%。区内海拔介于 770~7 556 米，相对高差接近 7 000 米，地形起伏大；气温约为 9.01~10.5℃，气候垂直变化特征明显，水资源和太阳能资源丰富。主要定位是国家重点生态功能区，是长江黄河上游重要生态屏障和水源涵养地。

2. 关键问题

（1）川西北高原地区的土地利用现状复杂

川西北高原不仅是一个农业区，还承担着江黄河上游重要的生态屏障和水源涵养地的角色。这一地区的生态系统对于整个流域的生态平衡和水资源可持续性至关重要。因此，在追求经济发展的同时，必须谨慎防范牺牲生态空间的风险。这一地区属于雨养区，依赖着自然降水来满足农作物的灌溉需求，这在一定程度上使农业面临不确定性。另外，长期以来的农牧业活动对土地产生了不可忽视的影响：土地水土流失的严重问题导致土壤肥力逐渐下降，土地变得瘠薄，而有机质含量普遍不足，使得土地呈现贫瘠的特征，成为中低产田。

（2）农牧业的协调发展是川西北高原农业面临的一个独特挑战

这一地区的农用地通常呈现垂直带状分布，被高山和大河分隔成零星的小块，分散且面积有限。复杂的地形导致牧草分布不均匀，牲畜饲养面临着草场资源不足、草地退化等问题。随着海拔的上升，适宜农作物种植的土地面积逐渐减少，一定程度制约了农业生产。由于有限的耕地和草场资源，农业和牧业存在着资源竞争问题。需要采取一系列措施来协助农民和牧民更加合理地利用土地资源，以实现农牧业的协调发展。

（3）"两化三害"防控形势严峻

川西北高原牧区草场的"两化三害"，即草原退化、沙化、虫害、鼠害、毒杂草害，具有分布面积大、扩散能力强、易暴发、难控制等特点。据估算，川西北高原牧区草场约38%的"两化三害"源自人为草场破坏，约72%源自畜牧业失序发展。尽管近年来川西北高原牧区在草场"两化三害"治理和修复中取得了重大突破，但由于该地区生态环境具有多样性、复杂性和脆弱性等特点，容易受地理条件等因素的反复影响，区内天然草场仍然出现不同程度的退化和沙化。草场退化为虫、鼠提供了良好的生存环境，更利其繁殖，从而酿成虫害、鼠害。加之部分地区干旱化趋势加剧，损害了天然草场的抗干扰能力和恢复能力，原生植被群落的优势种类逐渐减少，大量毒草、杂草趁机涌入，"两化三害"长期防控形势依然严峻，治理任务繁重。

3. 科技需求

川西北高原是青稞的主要产区，对当地农民的经济至关重要。在高寒气候和独特的土壤条件下，品种改良成为稳定青稞产量的关键。耐湿、耐寒、耐旱和耐病虫害的特性成为选育高产青稞品种的重要指标，以确保其在恶劣环境中的生长和高产。

面对气候变化和不规律的降水，水资源管理变得更为复杂。为了解决这个问题，引入高效的节水灌溉技术变得尤为关键。此外，畜牧业的发展需要科学合理的土地资源利用。草地资源的保护与管理、天然草场改良、人工种草以及草产业的创新都是至关重要的。为提高农牧业生产效率，引入现代农牧业技术和机械化设备是不可或缺的。现代农机设备的使用还能提供数据支持，帮助农民更好地管理农田和牲畜，实现农牧业的可持续发展。

（五）川西南山地区

1. 发展现状

川西南山地区位于四川省西南部，属中亚热带，气候呈垂直分布和偏干的特点。行政区划含雅安、攀枝花两市和凉山彝族自治州、甘孜藏族自治州等 2 市 2 州 23 县（市、区），总面积 58 827.9 千米^2，山地占 94.0%，属横断山系，其中部的安宁河谷平原面积约 960 千米^2，是四川省第二大平原。本区为农、林、牧业交错区，农业开发历史不长，经济技术水平也较低。但由于人口密度低，人均产值较大，本区农业经济状况的特点是区内各亚区差别大，发展不平衡，中部河谷地区较发达，而大凉山区和盐源盆地区较滞后。总体上，该区农业经济发展落后于工矿业的发展，农产品供应有一定的压力。

2. 关键问题

（1）适宜山地农业的优质高效品种不足

川西南地区的作物和畜禽良种不足，如芒果、马铃薯等主要农业产业品种退化严重。农业是凉山彝族自治州主要发展产业之一，很多少数民族村所使用的作物品种都是自留老品种，产量和品质都较差，作物和畜禽良种更换比例普遍较低（邓自圆，2021）。攀枝花市种植的马铃薯主要分布在山区，该区气候冷凉，马铃薯病虫害发生较轻，具有马铃薯繁种和发展商品薯的良好自然条件，但生产上却存在马铃薯品种单一和品种退化严重等问题，致使马铃薯产量降低、品质下降和销售价格低（孙强等，2021）。

（2）适宜丘陵山地农业的轻简化农业机械不足

农村人口老龄化、人口增速放缓，劳动力成本持续升高；受攀西地区多山地地形限制，农业生产机械化率低，造成农业生产效率不高。攀西地区主要种植水果蔬菜等经济作物，除了攀枝花的经济条件较好外，其余地区多为山区，因此针对攀枝花以及其他平坝河谷地区，合作社带动农户发展农业机械化取得较好效果；而在其他山区，由于地势和经济条件的双重限制，单个农户无法依靠自身力量推动农业机械化的发展（杨建华，2020）。

（3）水热资源、水土资源矛盾突出

川西南干热河谷区气候区域性差异显著，河谷区降水量少且季节分配不均，蒸发量大，此外还受焚风效应影响，干热河谷气候表现突出，以干、热为主要特点。川西南干季、雨季十分明显，干季缺水严重，雨季雨量大但时间短，主要集中在每年的7—9月，易冲刷土壤形成冲沟，75%的降水以洪水的形式流走了，水资源没有留下来，其余月份的降水量相对较少。当地大中型水利灌溉设施不足，山地农业的灌溉依赖提灌，造成地区工程性缺水。

3. 科技需求

根据四川省委、省政府专门印发的《建设新时代更高水平"天府粮仓"行动方案》分3个阶段提出新时代更高水平"天府粮仓"的建设目标：到2035年基本实现粮食安全和食物供给保障能力强、农业基础强、科技装备强、经营服务强、抗风险能力强、质量效益和竞争力强的农业现代化强省目标。农业的发展取决于机械化程度，只有提高农业机械化率才能保障粮食安全，才能带动产业发展；只有立足农业机械化向农业数字化、智能化迈进，才能提升农业现代化水平，加快农业高质量发展速度（王华，2020；胡光亚 等，2023）。攀西地区立足其优质荞麦、特色水果、早春蔬菜、高效桑果、优质核桃、园林花卉、草食畜牧等优势特色农业，需要育种新技术、新方法等现代农业关键技术，创制和优化适宜该地区的优质高效品种；在稻菜轮作区、芒果主栽区重点开展农田有害污染物动态监测、评价和修复关键技术研究与应用，以提高耕地质量；需要选育高抗逆品种，以适应全球气候变化加剧的大趋势；由于攀西降水时空分布不均，导致区域性或季节性缺水，在攀西地区提出高效节水灌溉建设不仅是农业生产发展的需求，也是未来发展的趋势（廖功磊 等，2018）；攀西地区的山地、丘陵以及碎片化耕地，需要轻简化、全程化、适应化的智能农机装备以及智能病虫预警监测设备智能防控病虫害；要提高农业生产效率和效益，需引进农业智能生产技术、果园林下复合种养技术、生态循环种养技术、肥料减施技术、测土配方施肥技术、缓控释肥技术，促进川西南农业节本增效，可持续发展。

三、四川省农业领域科技发展需求清单

（一）共性需求

基于以上 6 个维度的共性需求分析，四川省现代农业发展需解决的共性关键问题及科技需求概括如表 4-2 所示。

表 4-2　需解决的重大问题及科技需求清单

需解决的重大问题	科技需求
种质资源利用不充分	建设种质资源收集保存库
	落实系统环境监测站
	作物基因组智能设计育种
耕地高效持续利用率不高	构建田间作业便道、引入自动化灌溉系统
	针对不同地形地质勘察
	科学施肥技术

(续表)

需解决的重大问题	科技需求
农业生产方式落后	实行科学种养循环模式 化肥减量增效 农兽药污染物残留动态监测、果实无损监测技术 推进农业废弃物资源化利用（秸秆腐熟还田、食用菌基料利用） 建设有机肥中心对畜禽粪污集中处理、循环利用
局部地区工程性缺水问题	针对四川省不同地区节水灌溉技术 微生物处理水中富营养物技术 提取地下水技术
农机装备发展进程缓慢	自动化控制技术 无人机施肥打药技术 信息化技术（传感器、监测仪器等）
烘干冷链物流集散体系建设不完善	建设烘干、加工、流通、集散批发一体物流中心 投入建设农产品精深加工装备 冷链运输节能环保技术

（二）分区关键需求

基于五大农区存在的现有关键问题，有针对性地提出其对应的科技需求，如表4-3所示。

表4-3 四川省五大农区农业科技发展的科技需求清单

区域	战略目标	关键问题	农业科技需求	备注
盆西平原区	打好种业翻身仗，保障粮食安全	种业发展问题	1. 高产、高抗品种培育 2. 宜机品种 3. 当家品种培育 4. 种质资源保存、利用挖掘	
	坚守耕地保护红线	耕地面积锐减、耕地质量下降	1. 耕地质量提升信息平台与系统 2. 耕地质量提升核心工程装备与机械 3. 耕地质量提升过程控制技术 4. 精量节水灌溉技术 5. 机械化秸秆还田技术 6. 畜禽粪便还田技术 7. 耕地质量监测技术与评价系统	

(续表)

区域	战略目标	关键问题	农业科技需求	备注
盆西平原区	加强农业面源污染防治	面源污染问题	1. 节水滴灌技术 2. 种养结合生态循环技术 3. 测土配方施肥技术 4. 粮经饲统筹、种养加结合、农林牧渔融合循环发展技术 5. 绿色生产技术 6. "猪—沼—粮""猪—沼—菜""猪—沼—菌""猪—沼—果"等循环农业技术 7. 氮素利用效率提高技术	
	强化现代农业科技支撑	数字农业水平参差不齐	1. 农业大数据及物联网技术 2. 智慧农业的发展	
盆地丘陵区	提高现代农业装备研发应用能力	农业机械化水平不高和农业装备供给不充分	1. 机械化精准播种、精确施肥技术 2. 水肥一体化自动智能灌溉 3. 丘陵山区水稻智能化育插秧机械 4. 优质果蔬机械化生产技术 5. 油菜机播机收轻简化技术	
	加快推进高标准农田建设	"宜机化"改造基础设施条件差	1. 高标准农田建设技术 2. 坡耕地治理技术 3. 耕作层土壤剥离利用技术 4. 农田土壤墒情监测技术 5. 耕地质量监测技术	
盆周山地区	农业可持续发展	生态治理	1. 地质灾害防治技术 2. 石漠化区治理、退耕还林、水土保持和植被生态恢复技术 3. 生态功能评价	
	发展特色粮食	耕地有限,地形条件限制大	1. 山区农作物气候适应研发 2. 高效耕作技术 3. 土壤改良技术 4. 精准灌溉技术	
	实现种养循环	协调种养需求,粮饲互补	1. 循环农业技术 2. 农产品加工与饲料制备技术 3. 粮经复合种植技术	
川西北高山高原区	稳定青稞面积,发展高原绿色蔬菜	品种改良,生产全程机械化,水资源需求,土壤退化	1. 土壤改良技术 2. 高效耕作技术 3. 山区农作物气候研发 4. 精准灌溉技术 5. 高原农机装备	
	特色养殖	保护和管理草地资源,饲料工业,生态养殖	1. 现代农牧业技术和机械化设备 2. 草地可持续发展技术研究 3. 饲料加工工艺和新型饲料添加剂技术 4. 畜类生态养殖及废弃物利用技术	

第四章 四川省现代农业发展需解决的关键问题及科技需求

（续表）

区域	战略目标	关键问题	农业科技需求	备注
川西南山地区	粮食安全和食物供给保障	适宜地区的优质高效品种不足	1. 育种新技术、新方法，创制和优化品种 2. 现代农业关键技术	优质荞麦、特色水果、早春蔬菜、高效桑果、优质核桃、园林花卉、草食畜牧等
	耕地质量提升	土壤污染问题	1. 土壤有害污染物动态监测、评价和修复关键技术 2. 肥料减施技术	稻菜轮作区、芒果主栽区
	山区农业机械化	农村人口老龄化、人口增速放缓，劳动力成本持续升高；山区农业生产轻简化农业机械不足	1. 轻简化、全程化、适宜化的农机装备 2. 智能病虫预警监测设备	
	抗风险能力	水资源不均衡，水热矛盾；生态环境脆弱，地质灾害频发	1. 节水灌溉、农艺节水、雨水收集技术 2. 高抗逆品种选育技术	多山地、碎片化农用地

第五章
面向四川省现代农业发展科技需求的前沿技术研究

通过剖析四川省农业科技发展现状和存在的问题,进一步明晰了四川省农业发展的科技需求。开展面向四川省农业科技发展需求的前沿技术研究,以科技创新为引领,加快推动传统农业发展与科学技术应用的深度融合,对加快建设现代化农业强省具有重要意义。

在研究方法上,多数学者采用德尔菲法、层次分析法,利用宝贵的专家意见提出描述新兴技术特征的指标,如 IPC(International Patent Classification)数量等;基于文献计量学的前沿技术研究多采用科技论文或相关专利的直接引用网络、共线及耦合网络进行聚类分析;基于文本挖掘的前沿技术研究多数采用 LDA(Latent Dirichlet Allocation)模型划分技术主题(魏明珠 等,2022)。参考中国工程院、中国科学院、中国农业科学院对前沿技术的研究方法和经验借鉴,本研究拟提出采用基于文献计量学的方法,运用文献共被引、文献聚类以及熵权法等,对 Web of Science 核心数据库中的目标数据集进行收集和分析,以此挖掘出四川省农业科技发展需求的前沿技术。

一、数据来源

农业生产对象的多样性和生产条件的复杂性,决定了农业科学的范围广泛和门类繁多,并且随着有关学科的相互渗透,新的研究领域层出不穷,学科内容范围还在不断扩大。国家统计局以《国民经济行业分类》(GB/T 4754—2017)等为基础,将我国农业及相关产业(农林牧渔业)细分为10个大类,61个中类和215个小类(国家统计局,2020)。中国农业科学院面向世界农业科技前沿、国家重大需求和现代农业建设主战场,确立了以基础前沿、作物、园艺、植保、资源与环境、畜牧、兽医、农业微生物、农产品质量与加工、农业装备工程与信息、农业经济与农村发展11个大学科集群,58个学科领域,283个研究方向为基本架构的三级学科体系(中国农业科学院,2023)。农业科学大体概括为六大门类,包括植物生产类、森林资源类、环境生态类、动物生产类、动物医药类和水产类,每个门类又有若干学科及其所属分支。此外,不同类型的数据库(如Web of Science、中国知网等)在对相关文献数据进行分类时也采用了的不同的学科分类体系。

基于学科体系分类的多样性和复杂性,以及相关数据获取的便捷性,本研究将选择以Web of Science中的学科分类体系为主,根据相关研究目标和需求最终选择了植物科学(Plant Sciences),农业,乳品和动物科学(Agriculture, Dairy & Animal Science),渔业(Fisheries),农业、多学科(Agriculture, Multidisciplinary),食品科学与技术(Food Science & Technology)和农业工程(Agricultural Engineering)六大学科领域,并采用基于机器学习的文献自动分类方法,获取到2018—2022年有关这六大学科领域的共7 179篇论文作为基础数据集合,对四川省农业科技发展需求的前沿技术进行研究。

二、研究方法

(一) 文献共被引

1973年,美国情报学家Small(1973)首次提出了文献共被引(Co-citation）的概念，当两篇文献同时出现在第三篇文献的引文中时，就认为这两篇文献建立了共被引关系，共同出现的次数被定义为共被引的频次。文献共被引作为测度文献间关系程度的一种研究方法，经历了近半个世纪的发展，已成为用于情报研究的文献计量方法中最具影响力的首推方法（王建芳和冷伏海，2006）。

文献共被引的结果必然是文献的聚类，每一个聚类中文献通常有较高的共被引频次，体现了较高的相关度，往往能够反映某一个主题范围的内容（陶颖 等，2017），因此文献共被引更适合描述研究主题的演变与科学结构的变化（宋歌，2020）。

（二）文献聚类

科技文献聚类的基础在于对科技文献特征的识别与提取，从科技文献的题名、关键词、作者等关键信息中提取文本特征从而实现对科技文献的聚集（叶佳鑫 等，2021）。在科技文献中，关键词是对文本的高度凝练，集中反映了文献数据库中论文内容的主要观点。利用共词分析计算同一语义类型关键词的相似度，可挖掘学者在研究主题、研究范围与理论技术方法等维度上所需论文（熊回香 等，2021），进而提供研究的主题、所属领域、理论方法及限定范围等重要特征。从关键词本身出发，通过对关键词进行权重划分或采取特定筛选方式来确定用于文本聚类的关键词从而提升聚类效果的文献聚类研究在相关领域已经得到广泛展开。

（三）熵权法

在测评指标体系中，由于每个测评指标与同一类别中的其他指标相比，其作用、地位和影响力不尽相同，必须根据每个指标的重要性程度赋予不同的权重，权重反映了各个指标在"指标集"中的重要程度，指标的权重直接关系到这一指标对总体的"贡献性"大小，根据计算权重时原始数据的不同来源，确定指标体系权重的方法一般可分为主观赋值法和客观赋值法两大类。主观赋值法客观性较差,但解释性强;客观赋值法确定的权重在大多数情况下精度较高,但有时会与实际情况相悖,对所得到的结果难以给出明确的解释(程启月,2010)。结合项目需求采用主观赋值法与客观赋值法相结合的热点前沿遴选方法,即将采集专家意见的德尔斐专家调查法与定量评价指标相结合,形成"典型排序",对"典型排序"按照给定的熵决策公式进行熵值计算、"盲度"分析,既提高了精准度也减少了主观干扰。

熵权法其原理是根据评价过程中各指标值的变化所反映的信息量对指标进行加权(韩勇 等,2020),即熵值越低,该指标的信息量越多,该指标的权重越高;反之,熵值越高,该指标的信息量越少,该指标的权重越低。

熵权法计算方法如下。

步骤一:对各因素按照每个选项的数量进行归一化处理

$$x'_{ij} = \frac{X_{ij} - \min(X_{1j}, X_{nj}, \cdots\cdots, X_{nj})}{\max(X_{1j}, X_{nj}, \cdots\cdots, X_{nj}) - \min(X_{1j}, X_{nj}, \cdots\cdots, X_{nj})}$$

步骤二:计算第 j 项指标的熵值

$$e_j = -k \sum_{i=1}^{n} p_{ij} \ln(p_{ij}), \ j = 1, \cdots\cdots, m$$

其中,$k = 1/\ln(n) > 0$,满足 $e_j \geq 0$;

步骤三:计算信息熵冗余度

$$d_j = 1 - e_j, \ j = 1, \cdots\cdots, m$$

步骤四:计算各项指标的权重

$$\omega_j = \frac{d_j}{\sum_{j=1}^{m} d_j}, \ j = 1, \cdots\cdots, m$$

步骤五:计算各样本的综合得分

$$s_i = \sum_{j=1}^{m} \omega_j x_{ij}, \ i = 1, \cdots\cdots, n$$

(四)研究热点评价指标遴选

研究热点前沿(Research Front)即由一组高被引的核心论文和一组

共同引用核心文的施引文献所组成的研究领域。本研究中构成研究热点前沿的核心论文均来自 Web of Science（WoS）数据中的高被引论文，即在同学科同年度中根据被引频次排在前10%的论文，因此对核心论文中涉及的理论、方法及技术的解读是深入了解研究热点前沿发展态势的关键（中国农业科学院战略研究中心，2022）。引用这些核心论文的施引文献可以反映出核心论文所提出的技术数据、理论在发表之后是如何被进一步发展的，反映了该领域的新进展。因此，核心论文和施引文献是考察研究热点前沿重要性的两个重要依据（孙巍 等，2021）。

三、技术路线

参考当前热点前沿主流研究方法，结合项目需求与数据源特点，设计四川省农业领域热点前沿遴选技术路线为数据获取/处理、主题模型聚类、初步遴选、数据统计、指标计算、结果分析、清单生成，共七大步骤。具体流程如图 5-1 所示。其中，指标计算包含新颖性、影响力、前瞻性、专家评价值四大指标。

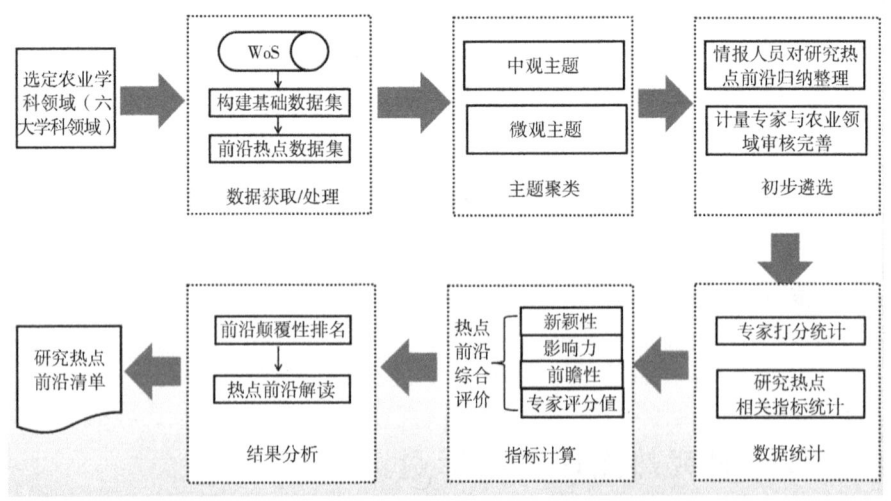

图 5-1　四川省农业领域热点前沿遴选技术路线

新颖性指标是通过技术主题内文献的发文时间测度主题新颖性强弱（论文平均出版年）。

影响力指标是通过技术主题内文献的被引频次测度主题影响力大小（被引频次）。

前瞻性指标是通过技术主题内核心论文数、施引论文测度主题前瞻性。

专家评价值指标是专家对热点前沿的新颖性、影响力、前瞻性评价打分值。为减少主观干扰，综合定量与定性指标，采用熵权法对四大指标客观赋权，并对热点前沿主题的排序，为热点前沿的多维度识别及清单生成提供技术支撑。

四、研究热点前沿遴选

（一）四川省农业领域研究热点主题数据构建

基于上述农业领域六大学科论文基础数据集，选取 2 300 篇高被引论文（即同学科同年度中根据被引频次排在前 30% 的论文）作为四川省农业领域研究热点核心论文集数据集。同时，基于 Web of Science 主题聚类法，按照引用中观主题（Citation Topics Meso）、引用微观主题（Citation Topics Micro）进行引文主题分析，由学科战略情报研究人员判断这些研究前沿的主题是否显著促进了本领域的知识进步，最终从 6 大学科中遴选出 22 个中观主题、28 个微观主题论文作为四川省农业领域研究热点主题数据集。

（二）四川省农业领域研究热点前沿遴选

参考中国工程院、中国科学院、中国农业科学院的研究前沿遴选方法，结合本研究中领域专家优势，采用定量与定性结合的方法遴选研究热点前沿。具体过程如下：

首先，基于四川省农业领域研究热点主题数据集，由学科战略情报研究人员，根据研究热点前沿核心论文的研究主题、主要内容、关键词逐一归纳整理命名 111 个研究热点前沿（详见附录 1）。其次，组建由计量专家和农业 6 个学科领域专家组成的农业热点前沿遴选专家，依据研究热点前沿核心论文，对 111 个研究热点前沿判定的准确性进行审定与完善。再次，从研究热点前沿的新颖性、影响力、前瞻性设置专家打分问卷，并采用问卷星的形式发放统计问卷结果，对 6 个学科领域研究热点排序。为减少主观干扰，选取 111 个研究热点前沿的论文平均出版年、核心论文数、被引频次、专家打分值 4 个指标进行熵权法综合评价，并对四大指标研究热点前沿排序。最后，通过专家咨询研讨，层层筛选，最终遴选出最具前瞻性的农业研究前沿，研究热点排序结果见附录 2。由于农业科技多为多学科交叉应用融合，虽然研究领域不同，但其微观主题会出现重复。另外，渔业微观主题难以提取，在选取数据时提取了整个 Web of Science 收录的四川省机构在渔业领域发表的核心文献，出于准确度考虑并没有参与学科研究热点排序。

五、研究热点前沿解析

在进行文献收集时，依据 Web of Science 中的学科分类体系，聚焦植物科学（Plant Sciences）等六大学科对相关文献进行采集，利用文献计量等方法凝练出 22 个中观主题、28 个微观主题和 111 个研究热点前沿。需要说明的是，在对四川省农业领域的研究热点前沿进行解析时，结合农业领域专家论证意见，最终按照植物科学、畜牧及动物医学、渔业、农业资源与环境、食品科学与技术和农业工程 6 个领域对其进行具体阐述。同时以此为基础，收集 CNKI 知网数据库中的文献数据，对我国整体农业科技发展需求的前沿技术进行研究，与四川省的研究热点做对比，分析未来研究趋势。

(一) 植物科学领域

植物科学（Plant Science）领域涵盖植物生长与发育、植物遗传学和基因组学、植物逆境生物学、植物分子生物学和基因工程等研究方向。基于 Web of Science 的学科分类体系，筛选出作物科学（Crop Science）、植物化学（Phytochemistry）、系统发育学和基因组学（Phylogenetic & Genomics）、土壤科学（Soil Science）、植物病理学（Plant Pathology）和林学（Forestry）六大主题方向作为中观研究内容。深入了解植物的生物学特性，将为种植业、生态保护和可持续发展等提供重要的科学支持。

1. 国内研究热点

根据国家统计局的数据显示，我国的主要农作物为玉米、水稻、小麦、豆类，2018—2023年有关作物科学的研究也集中在这几类作物上，研究主题包括作物杂交与生物育种等。植物在生长与发育过程中，常遭遇物理、化学或生物性逆境，运用基因编辑技术有机会了解并克服这些威胁，与其相关的热点研究有：利用CRISPR-Cas9技术定点突变相关基因。CRISPR-Cas9技术是继锌指核酸酶和类转录激活因子效应物核酸酶技术之后的第三代新型靶向基因组编辑技术，由sgRNA指导Cas9蛋白将双链DNA断裂引入特定的靶基因中，通过断裂引发同源重组修复或非同源末端连接2种自动修复机制，进而造成靶基因序列的插入、缺失和替换，实现基因组的定向改造，达到植物抗逆境、延缓果实成熟、增加杀草剂耐受性、抗病等效果。该技术具有灵活、高效、生产成本低且特异性高等优点，已经在拟南芥、烟草、大豆、番茄、马铃薯、水稻、小麦、玉米、高粱、矮牵牛、香蕉、甜橙、苹果、毛白杨及地钱等植物中实现了成功编辑。CRISPR-Cas9技术的应用呈现多种形式，主要包括：基因敲除（单基因单位点敲除、单基因多位点敲除、多基因敲除）、基因敲入、基因调控和基因组等，其中基因敲除方面的应用最为广泛，可同时靶向多个基因。

与基因检测相关的热点有：对转基因大豆、转基因玉米、转基因水稻等作物中转基因成分进行精准定量。提取特定作物品系的基因组，设计实时荧光定量引物和 Taqman 探针，经特异性、线性、检测限、定量限、准确性、精确性和重复性等测试，建立该品系转化体特异性实时荧光 PCR 定量检测方法。在此基础上，数字 PCR（Digital PCR，dPCR）以高灵敏、高准确度、高耐受性的特性得到快速发展，研究重点包括优化 dPCR 引物浓度、探针浓度和退火温度。PCR 的应用研究主要围绕农作物的种质资源鉴定、分子标记辅助育种、基因定位和种子纯度鉴定等遗传育种方面开展。

与作物杂交相关的研究热点主要集中在杂交水稻与杂交小麦上，收集数千份地方品种，并对其主要生态性状进行系统研究，通过不同亲本间的有性杂交导致遗传基因重组，经若干世代的性状分离、选择和鉴定以获得高产、优质、地域适应性强的新品种。杂交水稻为保障我国乃至世界粮食安全作出了重大贡献，但我国杂交水稻种植面积由于用种成本高的原因呈下降趋势，因此机械化制种成为研究热点，如学者提出通过培育小粒型不育系，利用不育系与恢复系种子粒型（主要是粒厚）的显著差异，实现父母本混播混收、收获后机械分离获得杂交种子的全程机械化制种设想。

在植物化学方面，研究热点集中在植物的化学成分和药理作用两方面，包括黄精属、豆蔻属、重楼属、麻黄属、石斛属等植物，并通过已发表的文献、地方古籍等记录对主要药用植物中的成分进行综合阐述，分析其抗肿瘤、抗真菌、抗氧化、化感作用、酶抑制等重要生物学活性，为该属植物资源的开发与利用提供参考。其中，萜类化合物是重要的组成成分，与药理的有效性直接相关，研究热点有：倍半萜类化合物对 B 细胞增殖的刺激、对 T 细胞增殖的抑制作用，从而达到免疫调节、神经保护的效果；探索三萜类化合物的抗炎镇痛、降血脂和降血糖的药理活性；研究环烯醚萜类化合物的抗炎作用。

在系统发育学和基因组学方面，叶绿体基因组（cpDNA）中含有大量功能基因，在物种鉴定及系统进化研究中的应用价值受到研究者们的广泛关注。禾本科是叶绿体基因组研究比较集中的一个科，学者利用测序平台对叶绿体基因组进行测序，通过生物信息学分析方法进行序列组装、注释，就禾本科主要作物的叶绿体基因组特征、基因类型分布、

RNA编辑以及禾本科主要作物叶绿体基因组在系统发育中的应用等方面进行综合分析，为下一步解析禾本科叶绿体基因组在物种的进化、遗传、系统发育关系等方面的研究奠定基础。除叶绿体基因组之外，研究热点还包括高寒草甸植物叶片碳含量及其可塑性与系统发育的关系；植物内生固氮菌系统发育进化关系；基于DNA条形码技术的分子鉴定研究。

在土壤科学方面，有关土壤肥力的研究热点主要包括以下4个方面的内容：通过对研究区域与样地连续定位监测，设计试验并采集、处理土壤样品进行测量与统计分析，探究商品有机肥替代化肥对作物产量及土壤肥力的影响；研究某一地区主要有机肥与化肥以不同比例配施后，对作物氮素吸收利用、土壤养分、酶活性及细菌群落的影响，为实际生产中有机肥的科学利用提供理论依据和数据支撑；关注不同土壤改良剂对土壤活性有机碳组分含量和土壤碳库管理指数的影响；开展不同耕作措施［免耕覆盖（NTS）、深松免耕覆盖（SNTS）和传统耕作（TT1）］对土壤理化性质和土壤原核微生物多样性的影响分析，研究结果表明长期进行NTS和SNTS处理对黄土高原旱地麦田土壤微生物多样性、丰富度以及土壤肥力因子的正效作用明显。

在植物病理学方面，研究热点集中在病原鉴定和抑菌活性上。通过采集发病样本，分离并选取代表性菌株，结合传统真菌形态学、rDNA-ITS序列分析，构建系统进化发育树，鉴定其所属类群并测定生物学特性，即温度、酸碱度、光照、碳、氮源对菌丝生长和孢子萌发的影响。其中，烟草靶斑病、大豆根腐病、玉米镰孢茎腐病、小麦茎基腐病等主要作物的病原鉴定受到的关注较多。芽孢杆菌是植物内生态的重要组成部分，因此学者重点研究植物内生芽孢杆菌的多样性及分泌或诱导效应分子（生长激素、抗菌蛋白及脂肽和酶类等）对宿主植物发挥的相应功能，如在植物的生长周期中发挥的促生、抗病虫害和抗逆等作用，为解决新药研发、环境修复等方面的问题提供新的可行思路。

2. 四川省研究热点

有关农作物的数量遗传位点（Quantitative Trait Loci，QTL）的研究，重点围绕小麦、玉米、水稻等农作物，对其遗传特征和农艺性状之间的关系进行研究。其研究热点有：利用全基因组关联图谱和基因组预测分析技术，挖掘出小麦、玉米、水稻等农作物中具有利用价值的QTL，并通过研究这些位点与其他重要农艺性状之间的遗传关系，理解作物的遗传基础和性状的形成机制。利用新型的基因组测序方法——数量性状基因测序（QTG-seq），加速QTL的精细定位。通过结合极端表型混池高通量测序和数量性状的表型数据，可以在整个基因组水平上识别数量性状（如产量、抗性等）相关的基因，快速定位QTL区域，并精细定位候选基因。利用QTL遗传图谱定位控制数量性状的基因位置。它通过分析遗传标记与性状表型的相关性来确定与数量性状相关的特定基因区域。利用EST-SSR（Expressed Sequence Tag-Simple Sequence Repeat）分子标记技术，分析基因转录产物的表达序列标签（EST）和简单序列重复（SSR）并生成分子标记，这些标记可以用于研究种群的遗传结构、进化关系、品种鉴定、抗性与产量等重要遗传性状，以及基因功能的遗传多态性。

与拟南芥（Arabidopsis）相关的研究热点主要集中在以下3个方面：利用靶标模拟方法抑制特定的microRNA与其靶标基因之间的结合，从而增强稻瘟病的抵抗力，提高谷物产量并缩短生长周期。研究miR398b在水稻免疫中发挥的功能作用。miR398b是一种重要的microRNA，它通过调节多个超氧化物歧化酶基因的表达，影响水稻对稻瘟病菌（Rice Blast）的免疫能力，并为培育抗病性强的水稻品种提供了理论依据。研究拟南芥免疫相关基因启动子对免疫信号分子的响应强度。通过分析启动子的功能和响应强度，可以更好地理解植物对病原体的免疫反应，为植物免疫育种提供重要参考。

有关籽粒产量（Grain Yield）的研究热点有：探索不同温度和太阳辐射条件，以及不同播种方式对水稻和小麦抗倒伏性、生产和谷物质量的影响机制。谷类作物耐热基因筛选和耐热品种选育。通过分析谷类作物的基因组信息和表达谱，寻找出与热胁迫响应相关的关键基因，从而培育出具有较高耐热性的谷类作物品种。探究秸秆覆盖免耕（Straw Mulch no-Tillage，SMNT）对土壤温度、湿度、微生物群落等生态环境产生的影响，以及其对小麦生长发育和分蘖的积极影响机制，促进农田管理的可持续发展。利用SNP（单核苷酸多态性）分子标记技术，进行普通小麦的高密度基因分型，以识别和验证与功能性状相关的定量性状位点，了解普通小麦功能性状的遗传基础，为作物遗传改良提供重要参考。关注氮（N）的吸收和利用，特别是在稻—麦（Rice-Wheat）和大豆—小麦（Soybean-Wheat）种植系统中对籽粒产量和蛋白质品质相关性状的贡献，从而优化氮肥管理策略，提高稻麦和大豆—小麦种植系统中的农产品产量和品质。

在植物化学方面，有关三萜（Triterpenoids）的研究热点主要包括：研究柴胡皂苷（Chaihu Saponins）、大戟（*Euphorbia pekinensis*）等物质在抗炎、抗肿瘤、抗氧化、抗病毒、抗菌、降血糖等方面发挥的关键性作用。探究南蛇藤属（*Celastrus* L.）的植物、香附（Cyperi Rhizoma, CR）、五叶草（*Celastrus angulatus*）、板蓝根等中草药在民族传统医药中的应用、功效和药理机制。探索高含氧三萜类化合物和稀有四萜类化合物的抗菌活性。相关研究结果表明，这些化合物具有显著的抗菌活性，对多种病原菌和耐药菌均具有抑制作用。这些研究为探索新型抗菌药物的开发提供了理论基础，并有望应用于抗菌药物的研究和临床治疗。

在系统发育学和基因组学方面，与线粒体基因组（Mitochondrial Genome）相关的研究主要聚焦物种的适应性进化和基因组结构、功能以及演化关系，揭示不同物种之间的进化关系和基因组演化的动态过程。其研究热点主要表现在：有关百合科系统发育、年龄及叶绿体全基因组揭示的物种的适应性进化研究，主要涉及对叶绿体基因组序列的分析和比较，以评估不同物种之间的遗传关系、进化起源和适应性进化的模式。通过研究叶绿体基因组的序列差异和变异，不仅可以揭示物种之间的演化关系、进化速率等重要信息，还可以探究不同物种的适应性特征和进化途径，为保护葱科和百合科植物的多样性提供科学依据。

在土壤学科方面，有关间作（Intercropping）主题的研究热点主要包括以下4方面的内容：关注玉米—大豆间作系统中不同作物之间的相互作用和种间效应对土地生产力的影响，以此评估玉米—大豆间作对土壤质量和农田可持续利用的潜力，为优化种植方式和农业管理提供科学依据；探讨土壤有机质和土壤氮含量对农田生产力和养分循环的影响，来提高农田的养分供应和生产效率。探究不同程度的遮阴处理条件和光合作用效率对大豆植株生长和产量的影响，为优化大豆种植管理提供科学依据。研究玉米—大豆间作体系的最佳种植密度。通过设置不同的种植密度试验，测量和比较不同密度下的植株生长、产量和资源利用效果，这将有助于优化玉米—大豆间作的种植密度，从而提高农田的产量和经济效益。

在植物病理学方面，与杀菌剂（Fungicide）相关的研究热点主要聚焦在 2 个方面：通过观察核桃炭疽病真菌在抗性宿主和易感宿主上的生理反应，来鉴定和评估不同核桃品种对炭疽病的抗性，并试图培育出抗性更强的核桃品种，以提高核桃产量和质量。研究褪黑激素和丛枝菌根真菌通过增加菌根定植和养分吸收等途径，来协同提高猕猴桃幼苗的耐旱性，以此增加幼苗的生长和生产效益。

在林业方面，主要围绕高寒草甸生态系统展开相关研究，具体表现在 3 个方面。通过田间观察、地下洞穴调查等方法，研究高原鼠兔挖洞活动对高寒莎草草甸草和莎草比例的影响，进而探索鼠兔活动与植物群落相互关系的影响机制。研究青藏高原高寒草原牲畜密度对牧草种类、养分含量和产量等指标的影响，为草原管理和牧业可持续发展提供科学依据。探讨基于生态系统耦合和生态系统多功能性对高寒草甸放牧引起的植物演替的影响，为理解植物演替与生态系统相互作用关系，以及保护和管理高寒草甸生态系统提供科学依据。

对比国内整体研究与四川省的研究热点，在作物科学方面，二者均围绕我国主要农作物（水稻、玉米、小麦）开展研究。四川省因其地理结构与饮食习惯更加注重水稻的培育，通过基因编辑等技术培育产量高、对稻瘟病抵抗力强的优质品种，同时探索适合本地区种植的杂交水稻，而国内整体研究则关注杂交水稻种植存在的问题，提出机械化制种的设想；在植物化学方面，国内整体研究与四川省科技前沿探讨的侧重点相同，关注植物的化学成分和药理作用，尤其是三萜类化合物在医药应用中的前景；在系统发育学和基因组学方面，二者研究核心均为叶绿体基因组的测序与功能分析，揭示物种之间的演化关系；在土壤科学方面，四川省对玉米—大豆间作系统的研究更深入，分析作物之间的相互作用，来提高农田的产量和经济效益。而国内整体的研究关注有机肥施加比例对作物氮素吸收利用、土壤养分、酶活性及细菌群落的影响，或采用不同的耕作措施来提升土壤肥力。相较而言，四川省的研究聚焦于具体作物自身，这与国内整体的研究重点并非背道而驰，有机肥的施加和耕作方式的完善都可与具体作物的特性相结合，依据作物特质做相应调整；在植物病理学方面，国内研究热点包括病原鉴定和抑菌活性，而四川省关于杀菌剂的文献记录较多，未来可进一步根据本地区的植物开展病原鉴定研究。

（二）畜牧及动物医学领域

1. 国内研究热点

在畜牧及动物医学领域，国内科研方向主要集中在动物肠道菌群、动物疫病与食品药剂残留检测2个方面。

在动物肠道菌群研究中，研究对象主要为猪、鸡和鼠，焦点集中在影响因素、免疫调控和健康维护3个主题上。研究日粮、环境和代谢产物（如短链脂肪酸、色氨酸代谢产物和维生素等）对肠道微生物菌群平衡的影响；发酵中药复方添加剂对断奶仔猪生长性能、血清抗氧化活性及肠道菌群的影响。肠道菌群与动物体共同组成一个有机的整体，协同共生，因此学者探讨动物肠道菌群的组成、肠道微生物代谢产物对免疫功能的影响和在维持动物肠道健康中的作用，如基于16S rDNA测序技术分析自发性高血压大鼠（SHR）肠道菌群结构特征，探讨中药黄连解毒汤（HLJDD）干预作用影响，来深入了解肠道微生物与动物机体的互作机制，为肠道微生物代谢产物的功能性研究及其在动物生产中的应用提供参考。调控胃肠道健康的方式有很多种，目前主要通过添加益生元、益生素等非营养物质和营养调控剂来调控胃肠道功能和维护胃肠道健康，因此，研究热点为复合益生菌（主要成分是枯草芽孢杆菌、凝结芽孢杆菌和酿酒酵母等）对猪生长性能、腹泻率、肠道菌群及代谢物和猪舍氨气浓度的影响。

在动物疫病与食品药剂残留检测研究中，学者根据GenBank数据库中记录的病毒基因序列构建重组质粒,并设计合成特异性引物,采用环介导等温扩增方法(LAMP)、多重 PCR 检测方法,对样品进行特异性、敏感性、重复性试验,建立速度快、成本低、特异性好及灵敏度高的检测方法。而在食品药剂残留检测方面,研究在动物源食品(肉、蛋、奶)中抗生素常见类型、残留现状及危害的基础上,着重对抗生素残留检测方法、判定其安全性展开研究,检测方法主要有色谱法、光谱法、电化学法、酶联免疫吸附法和化学传感法。其中,恩诺沙星残留不合格率位居榜首且涉及的动物性食品种类多,因此研究重点比较各种氟喹诺酮类药物检测方法的优缺点、适用场所及应用前景等,为建立科学的控制体系提供参考。

2. 四川省研究热点

在畜牧及动物医学领域,四川省科研方向主要集中在动物科学、非编码 RNA 以及动物肠道微生物群 3 个方面。

在动物科学研究中,焦点主要集中在肉质和动物福利 2 个主题上。在肉质研究方面,关注的热点包括肌肉品质、遗传改良和营养价值。通过计算机视觉技术评估肌肉质量、调整日粮添加物促进猪肌肉生长,以及分析肉制品的营养成分如蛋白质、维生素和矿物质,以提高肉制品的口感和营养价值。未来的发展方向包括基因编辑、合成肉和植物替代品的研究,旨在减少对传统畜牧业的依赖。此外,蛋白质工程技术也是一个重要的研究方向,通过基因重组改善肉类的质地和提高蛋白质含量。植物替代品是指那些以植物为主要成分制成的食品,目的是替代传统的动物产品,如肉、奶、蛋等。这一趋势旨在推动食品产业朝着更为可持续和环保的方向发展。这些创新将为生产更高质量和可持续性的肉制品打开新的可能性。在动物福利研究方面,关注的主题包括改进畜禽的养殖环境、有效的饲养管理策略和优化喂食方案。未来的研究方向包括发展智能监测技术,如传感器和图像识别,以实时监测动物福利状态。跨学科合作也将得到加强,结合动物行为学、兽医学、农业科学、社会科学和伦理学等领域的知识,综合性地研究和改善动物福利。

在非编码 RNA 研究方面,关注的研究热点包括应用基因组学和生物信息学技术进行鉴定和分析了解其在动物免疫系统中的功能,以及在动物表性特征鉴定、表达和生长发育中的研究。未来的研究方向涉及深入研究非编码 RNA 的功能和调控机制，探索其在表观遗传学中的作用以及与其他分子之间的相互作用网络。

在动物肠道微生物群研究方面，关注的研究热点包括：调整日粮配比、额外添加营养元素对动物肠道微生物群的影响、日粮对动物肠道微生物多样性和结构的影响，以及研究肠道微生物群对动物肠道健康和免疫系统功能的影响。未来的研究可能会在基因组学、代谢组学以及肠道微生物组学方面展开交叉融合，以开发个性化的饮食建议。此外，还将进行更具针对性的微生物菌剂的研究和开发，并探索使用基因编辑技术改变动物肠道微生物群的可能性。这将有助于提高动物的生产性能和健康水平。

在畜牧及动物医学领域，国内与四川省的研究都极为关注动物肠道菌群在调整日粮配比或额外添加营养元素后的变化以及对动物免疫系统功能的影响。在肉质研究上，国内研究侧重疫病监测与食物中的药剂残留，而四川省关注通过基因重组改善肉类的质地和提高蛋白质含量。同时四川省拓展了研究的广度，探讨非编码 RNA 的功能和调控机制以及发展智能监测技术，紧跟数字化发展潮流，利用物联网等新兴技术改善动物福利。

（三）渔业领域

渔业（Fisheries）领域主要围绕鱼类的生物学、移养驯化、遗传育种、鱼病防治研究、营养与饲料研究、渔业环境、水生生态影响评价等重要内容展开研究。

1. 国内研究热点

2018—2023 年，渔业学科领域的研究热点主要包括：饲料添加或替代某种物质对鱼类生长性能、消化酶活性、血液学指标、抗氧化能力及基因表达的影响。设置该物质添加量为 0 的对照组和不同剂量的试验组，分别对不同组别的鱼类进行饲养管理，通过采集样品，测定生长及形体指标、饲料及肌肉营养成分含量等，分析该物质对鱼类的影响来实现科学饲养的目标。

在水产养殖中鱼病的防治措施方面，探究水产养殖过程中存在的主要问题，分析常见的鱼病类型包括车轮虫病、烂鳃病、肠炎病等，提出水产养殖人员鱼塘管理、健全鱼病病害的预防工作等相关防治措施，促使水产养殖工作顺利实施。

在精准育种研究上，水产遗传育种已从传统选择育种和杂交育种发展至细胞工程育种、性别控制育种、分子标记辅助选择育种、全基因组选择育种、分子设计育种和基因组编辑等精准设计育种。以银鲫、草鱼和黄河鲤等为研究对象开展全基因组解析，性别控制、抗病、耐低氧、饲料高效利用等分子模块解析，为集约化和生态化养殖趋势下未来鱼类遗传育种和水产种业提供可能的发展方向。

2. 四川省研究热点

四川省在渔业学科领域的研究热点主要包括：水生环境中鱼类受到的温度、缺氧胁迫的机制研究。通过收集在集约化水产养殖或自然流域等水生环境中的鱼类样本，运用生理生化指标测定、基因表达分析等方法，研究鱼类对这些环境压力的适应机制和生理响应，以了解鱼类在不同环境条件下的适应策略，并为优化水产养殖和保护水生生态系统提供科学依据。膳食缺少（磷/赖氨酸等物质）或添加相应物质对鱼类生长性能、消化能力、健康状况及生长相关基因表达的影响。通过设定不同膳食组成的实验组和对照组，测量和比较鱼类的生长速度、饲料利用效率、生理生化指标和基因表达水平等指标，以此了解鱼类对特定营养物质的需求，从而对饲料配方和养殖管理提供科学依据。鱼类基因组测序及转录组分析。通过测序分析鱼类基因组并进行基因功能注释，可以识别其基因组的构成；同时，通过转录组分析可以了解在不同生物学过程和环境条件下，鱼类基因的表达水平和调控机制；这将为深入了解鱼类的遗传背景、基因功能和适应性提供重要的信息，有助于鱼类保护、育种和养殖的研究与应用。

在渔业领域，饲料成分对鱼类生长性能等情况的影响是国内研究与四川省研究共同关注的热点，以及通过基因组测序和转录组分析进行精准育种。此外国内的研究注重鱼病的防治，未来四川省可进一步在此方面根据某种特定的鱼类疾病展开针对性的研究，更好地改善水产养殖工作。

（四）农业资源与环境领域

1. 国内研究热点

农业资源与环境主要研究农业资源的管理及利用，如土地、草原、野生动植物等农业资源的调查与保护。2018—2023年，该领域的研究热点主要集中在以下2个方面。

"3S"技术在生态环境监测中的应用。"3S"技术为遥感技术（RS）、全球定位系统（GPS）和地理信息系统（GIS），研究内容包括遥感图像数字化处理、遥感图像解译处理、建立生态环境监测数据库、野外核查及数据库更新，提供准确的土地使用信息，预测潜在的环境风险确保生态环境监测数据的完整性，为土地资源管理和农业发展提供重要的数据支持，帮助决策者进行更精确的土地评估，改进农业实践，从而实现资源的合理利用和提高农业生产效率。

地区种质资源现状。对地区的自然条件开展实地调研，整理植物的种质资源丰富度、分布，分析评价植物的生长适应性、观赏性、潜在园林应用价值，从优势种、育种繁育体系等角度分析地区植物种质资源目前存在的问题，提出加大育种研究和保护力度的相关对策，设计建立植物种质资源库共享服务平台，推进国家战略生物资源的开发利用。

2. 四川省研究热点

在四川省农业资源与环境研究领域，科研方向主要关注非生物胁迫和农业土壤两方面。

对于非生物胁迫，研究重点包括盐胁迫、热胁迫和干旱胁迫等，探索提高作物耐受性的方法（如利用外源诱导子、基因编辑技术）以及深入研究植物激素脱落酸在非生物胁迫中的调控作用。未来的研究可能着眼于作物对非生物胁迫的耐受机制、新品种的培育、精准农业技术的发展以及生物和化学策略的创新应用。

在农业土壤研究方面，聚焦于微生物量、土壤碳储量、氮素管理等。关注微生物量在土壤生态系统中的生态功能,包括对土壤健康和肥力的影响以及生态恢复后土壤碳储量的变化。此外,研究还涉及不同氮素管理策略对农业生产和环境的影响。未来的研究方向可能包括土壤健康和可持续性、气候变化适应、数字农业和决策支持系统,以及土壤与食品安全的关系。这一系列研究有助于提高农业生产的可持续性,并为农业决策提供更准确的支持。

在农业资源与环境领域,国内与四川省的研究重点差异较大,由于国内关注的是国家整体状况,因此为了推进生物资源的开发利用,侧重各地区的种质资源现状收集与分析。同时在国家层面关注"3S"技术于生态环境监测中的应用,旨在为国家的农业资源管理提供科学依据。而四川省则更关注本省在农业资源与环境管理过程中遇到的问题,如在非生物胁迫条件下提高作物耐受性,关注农业土壤中微生物量和土壤碳储量,推动生态农业发展。

(五) 食品科学与技术领域

1. 国内研究热点

食品科学与技术是一门综合性的学科,涵盖了食品化学、食品生物学、营养学、食品加工、食品安全与卫生、食品质量与品控、食品市场与消费行为等多个领域的专业知识。2018—2023 年,该领域的研究热点集中在食品的加工技术、食品营养成分和食品安全。

在食品的加工技术研究方面,热点包括以植物蛋白质为主要原料,通过重塑蛋白质的解离聚合行为形成类肉纤维结构,添加油脂、色素、黏合剂等非动物来源食品配料,加工定制出接近真实动物肉的形态色泽与风味口感的植物蛋白肉。探究加工工艺对鸡品质的影响,使用不同的工艺组合进行加工,测定产品得率、保水性、pH 值、色泽、质构特性和微观结构等品质指标,为探索鸡肉加工标准化和工业化生产提供参考。从感官指标、理化指标、卫生指标等方面探讨主食中某种物质的添加比例对食品品质的影响,如藜麦全粉添加比例对高筋小麦粉面团流变学特性的影响,进而对馒头酵母添加量、发酵时间和醒发时间进行优化。

在食品营养成分研究方面，热点为分析食品的营养成分组成，包括淀粉、蛋白质、脂肪、矿物质、必需氨基酸、维生素、黄酮类、酚酸类和膳食纤维；食品的功能特性如抗炎症、抗过敏、抗哮喘、抗氧化、抗肿瘤、减肥降脂及降血糖等；以及食品在医药、化工等其他行业的综合利用。同时学者比较不同品种作物的抗氧化活性和营养成分差异，为开发特定群体功能食品的品种选择提供依据。

在食品安全研究方面，亚硝胺是一类危害性极高的化学致癌物，在肉制品加工过程中极易生成。因此学者研究亚硝胺的形成机理、对人体的危害以及肉制品中影响亚硝胺形成的因素（pH值、温度、食品添加剂、组织成分和微生物等），从阻来源、促去路两方面控制实际生产中的亚硝胺，利用多种方法减少亚硝胺含量。探讨农作物在生长、收获和储存过程中受到的产毒真菌及其农作物代谢毒物（霉菌毒素）污染，分析食品中黄曲霉毒素B_1的分子结构与毒性、致病机理、风险评估及防控等。此外设计基于区块链的食品溯源系统，实现去中心化、防篡改、可追溯、数据变更服务和食品召回等功能，有效保障食品安全。

2. 四川省研究热点

四川省食品科学与技术学科领域的前3位的研究热点前沿主要集中在作物科学、乳制品与动物以及食品科技3个中观领域。其中，关于乳球蛋白（Beta-Lactoglobulin）的研究文献量最多且平均的H指数也最高，共113篇，H指数为25。

作物科学领域的研究涉及作物的功能特性研究、食品营养学、食品质量与安全、食品的运输与贮藏等多个方面。作物功能特性的相关研究揭示种子生长发育的分子机理，对提高作物产量、改良作物品质和对营养成分更有效的利用。另外利用声学特性、挥发性化合物特性、介电性质、光学性质的无损果实检测技术也是近五年来四川省科研机构的研究热点，这些方法具有非破坏性、快速性、准确性高等优点，为果实的采摘、快速分拣分级提供科学依据，保障食品质量与安全。

蛋白质部分涉及蛋白质（鸡、鸭、大豆等）的鉴定、生物功能特性和结构性质的研究，使用定量分析、超声预处理、生物络合模型、计算机模拟、多光谱技术、生物信息学分析等技术，进一步研究细胞和生物体的功能调控，为制造富含营养的产品提供有效建议。另外，对大豆分离蛋白的提取物、复合物的研究，也为食品包装可生物降解纳米载体提供了新的策略。植物蛋白制造的人造肉更是近年来的研究热点趋势，提取植物蛋白技术、酶法改性、风味控制技术的研究为仿真动物蛋白创造新的路径。

淀粉部分的研究热点主要体现在分析食品工业应用中的淀粉结构和理化性质的基础上，对水稻、马铃薯等淀粉主要来源的农作物进行品种选育、食味值研究、味觉评价、营养成分分析，有利于选育出更具经济价值、风味口感佳、营养品质高的优良作物品种。

在食品科学与技术领域，国内与四川省的研究均关注了植物蛋白制造的人造肉，以及食品的营养成分和发挥的功效。除此之外，国内研究对食品的加工工艺进行了更广泛的探讨，分析加工工艺对食品品质的影响，以及总结危害人体健康的物质其结构性质、致病机理。因此，未来四川省的研究可在食品安全主题上做进一步探索，以便有效控制食品安全问题。

（六）农业工程领域

1. 国内研究热点

农业工程领域的研究侧重于农业机器人应用、日光温室构建优化与污水处理工艺的升级。

农业机器人可为农业工程提供有效的解决方案，研究热点为其在各种场景下的应用，包括种植、喷洒、采摘、除草、施肥等方面。农业机器人通过计算机视觉、传感器、控制系统和机器学习等技术来完成任务，提高农业生产效率、降低成本、改善生产环境。农业机器人技术发展的挑战包括机器人的智能化、自主化、灵活性等问题，保证可靠性是未来农业机器人技术的重要发展趋势之一，农业机器人需要在不同的环境中长时间工作，例如高温、低温、湿度等变化较大的环境。为了提高农业机器人的可靠性，可采用多传感器冗余设计，使用多个传感器来测量相同的物理量，以便更好地检测故障。

研究日光温室墙体结构优化、创新型日光温室类型、保温蓄热工程技术、光伏日光温室等，针对日光温室夜间室内低温问题开发分级相变储放热系统。探讨日光温室未来的发展方向：日光温室建构向轻简化、标准化方向发展；日光温室设施与装备向高效与节能化发展；日光温室环境调控和管理向精准化和智慧化方向发展，提高中国北方地区农民生产效益，推动改善其生活水平。

在污水处理方面，由于城市与农村结构特点不同，研究分别依据其工艺发展水平和特质展开。目前农村生活污水处理应用较多的技术包括人工湿地、蚯蚓生物滤池、稳定塘、土地渗滤、膜生物反应器和生物生态组合工艺。未来分散式、一体化、生态处理技术具有更强的适用性和应用性，考察组合工艺对 COD、TN、TP、NH_4^+-N、SS 5 个常规指标的去除效果及对各指标的沿程去除情况。对于城市而言，未来污水处理工艺可在水力停留时间较长、占地面积较大、脱氮除磷效果较差等问题上做进一步优化。

2. 四川省研究热点

四川省农业工程研究侧重于农业生物质资源化利用技术，主要关注厌氧消化、活性污泥和堆肥等方向。

近年来，在厌氧消化领域，研究重点包括反应器改进、流程优化和生命周期评估，并在商业规模上应用预处理技术。未来研究热点将集中在废物多样性研究、资源回收效率提高、新能源生产以及评估厌氧消化对周围生态系统的影响。这将拓展厌氧消化的应用范围，提高资源回收效率，并在可再生能源领域取得更多突破。

2018—2022 年，四川省在活性污泥研究领域主要关注点包括优化污水处理工艺，特别是混合活性污泥与废水的处理以去除污染物，并致力于污泥的高效处理和有价值物质的回收。未来的研究方向将聚焦于改进活性污泥处理工艺，降低能源和化学物质使用，应对新型污染物，实现智能化的活性污泥处理过程，以及与其他废水处理技术的整合，以满足日益增长的环境和可持续发展需求。

堆肥研究方面，四川省主要关注沸石等添加剂在有机固体废物堆肥中的应用，研究其对堆肥质量、土壤修复和植物生长的影响，同时关注细菌群落动态变化、复合添加剂和微生物添加剂在减少氮损失方面的活性研究。未来的研究可重点拓展堆肥应用领域，包括土壤改良、农业、园艺和环境修复，以实现有机废物的资源化，减少环境污染和堆肥对环境的影响，涵盖温室气体排放、土壤保护和减少垃圾填埋等环境效益。

结合 Web of Science 数据，四川省农业工程学科领域有关农业机器人关键技术发展与应用研究的 7 篇核心论文都集中在 2022 年，说明该研究很有可能成为四川省智慧农业方向关注的热点问题。主要涉及基于深度学习的种子分类机器、基于 YOLO 系列算法的采摘机器人精度提高研究以及采用 Box-Behnken 设计的嫁接机器人剪切装置的设计与开发研究。

农业机器人研究会按照其应用场景分为：农田作物生产机器人研究、设施果蔬生产机器人研究以及畜禽养殖生产机器人。其中农田作物生产机器人包括农情信息获取、割除杂草、除虫打药等功能，要实现上述功能，未来研究将专注于定位、路径规划、运动控制和生产信息获取等技术。设施果蔬生产机器人热点研究方向可能为果蔬采摘机器人，该功能主要需要突破的技术是复杂环境下目标识别与定位技术，以及柔顺操作技术。畜禽养殖生产机器人多是运用在畜禽喂食、环境监测消毒等方面，未来的畜禽养殖生产机器人将通过智能控制技术及温度、声音、图像等多源信息进行生产管理与动物生理、生长及行为结合，精准匹配动物需求。

综合来看，在农业工程领域，日光温室在北方等地区应用较多，因此国内的研究热点包括日光温室的优化与智能化发展。而四川省则在厌氧消化与堆肥研究上展开了更详细具体的探讨，来提高资源回收效率，减少堆肥对环境的负面影响。同时农业机器人的应用与污水处理是国内与四川省研究的共同点，其中农业机器人的应用前景与潜力巨大，未来将通过该主题的深入研究推动农业向着更智能、更高效的方向发展。

第六章
四川省农业科技发展重点任务

一、植物科学领域

《四川省第三次全国国土调查主要数据公报》数据显示，四川省耕地面积522.72万公顷，约占全国耕地总面积的4.1%，居全国第十位；园地面积120.32万公顷，约占全国的6%，其中，果园面积79.68万公顷，占全省园地的66.2%，主要分布在凉山彝族自治州、成都市和眉山市3个市（州）。2022年粮食产量为3 510.5万吨，居全国第九位，占全国的5.1%。从结构看，稻谷和玉米产量最高，2022年产量分别达到1 462.3万吨和1 046.2万吨，分别占全省粮食产量的41.7%和29.8%。2022年，全省蔬菜及食用菌、水果、茶叶产量分别为5 198.7万吨、1 380.5万吨、39.3万吨，分别占全国总产量的6.5%、4.4%和11.8%，分别位列全国第五、第八和第四位。其中，成都市、南充市、凉山彝族自治州、内江市蔬菜和食用菌产量较高，合计占全省的34.9%。"十四五"时期，新一轮科技革命和产业变革蓬勃兴起，实现由农业大省向农业强省跨越的目标，依旧面临诸多挑战。结合当前四川省五大农区存在的关键性问题，聚焦种植科学领域，提出以下重点任务。

（一）农作物育种创新能力提升

实施农作物育种攻关计划，重点围绕水稻、小麦、玉米、油菜、薯类等粮油作物以及果蔬等经济作物开展新品种选育工作，重点选育高产、优质、多抗、高效的突破性新品种。应用新型的基因组测序、全基因组关联分析、转基因、基因编辑等技术，精准选择和创造具有优良性状的新品种，提高作物产量、抗逆性和品质。如结合基因编辑、基因组重测序、双单倍体高效转化等现代分子生物学技术，针对四川省莴笋、大蒜、芥菜、辣椒、黄瓜、茄子等特色优势蔬菜种质资源抗病性、风味物质、色泽、营养指标、功能指标等基因型精准鉴定及优异基因进行重点挖掘。

开展制种基地提升三年攻坚行动，建设高标准农田，不断提高制种基地"五化"水平和生产能力，重点加强杂交水稻、杂交玉米、杂交油菜等的制种机械化水平。深入推进现代种业园区和水稻、玉米、油菜、大豆等粮油作物的种业集群建设，打造制种基地科技创新示范片。加快培育种业领军企业和成长型企业，全面提升四川省粮食持续增产能力，综合保障粮食安全。

（二）农作物种植技术模式研发

围绕提供优质安全蔬菜、保"菜篮子"有效供给、擦亮川菜金字招牌、推进产业发展等目标，加强四川省特色优势蔬菜种植技术创新发展。在蔬菜优势生产区（市、县），针对具体生产实践，建立核心示范推广基地，将良种良法有机融合，研发一批"效果好、易操作、推得开"的种植技术模式。针对温室、大棚等设施栽培蔬菜，以光生物学与植物生长环境模型为基础理论支撑，总结传统农作物的种植技术与经验，在物联网感知及人工智能逻辑控制的基础上，通过农业技术、信息技术、生物技术和工程技术、人工智能等多领域的跨界深度融合，并依据不同植物的基因特性，模拟植物生长所需的最佳环境条件。

（三）农作物绿色高效生产技术集成

针对不同地区、不同种类的农作物，研究构建资源高效利用的种植制度和精确栽培技术体系,突破制约四川省农作物绿色高效生产的技术瓶颈;开展土壤健康调控、主要土传病虫害调控以及耕作等农艺措施调控机理研究,构建土壤保健技术体系;研究有害生物发生与环境的关系、有害生物—寄主—天敌协同进化机制、有害生物对农药抗性机理与治理;突破农作物标准化生产和轻简机械化栽培技术,环境因子监控和生产管理的智能化、精准化控制等关键核心技术;突破智能化施肥装备与高效施肥技术,研发智能化精准施肥、水肥一体化、肥料深施技术及装备。通过技术集成,构建作物生产机械化、规模化、信息化、标准化的现代综合技术体系与环境友好、低碳节能、安全标准的绿色增产增效生产模式。

二、畜牧及动物医学领域

(一) 动物新品种育种及安全优质高效繁育技术体系

增强畜禽业科技创新能力,扭转畜禽品种、新品种育种和繁育技术依赖国外的局面,建立优质高效的新品种选育和规模化繁育体系;全省联合育种,选育具有自主知识产权的优质、高产、抗逆的畜禽新品种,并打造具有国内国际竞争力的育种公司;建立相应的产业化示范基地;选育优质、风味肉猪新品种,选育优质特色禽类新品种。

(二) 畜禽新型饲料营养资源开发技术

协作开展四川省常用饲料原料的营养成分鉴定,以解决饲料资源不清、动物饲养标准和饲料营养成分缺乏系统性、长期性和适用性问题;提高蛋白饲料资源利用效率、开发非常规蛋白质饲料原料、开发新型饲料添加剂;研究不同饲养规模、饲养模式、饲养条件下的农业动物所需要的饲料量;建立四川省饲料营养价值与畜禽营养需求大数据共享平台。

（三）畜禽健康养殖与产品质量安全控制技术

突破不同养殖规模、生态区域、饲养模式的畜禽养殖技术，畜禽圈舍小气候优化控制、环境微生物生态控制，畜禽福利养殖技术；研制通风、温湿度智能控制设备，完善畜禽圈舍设计规划与技术标准，突破畜禽产品质量安全检测技术、建立畜禽产品跟踪和可追溯平台，促进畜禽养殖业安全优质生产。

三、渔业领域

"十四五"时期，是推进四川省渔业高质量发展的关键阶段。2020年，全省水产品产量达到160万吨，渔业经济总产值达到536亿元，渔业综合产值达到1 017亿元。特色经济鱼类养殖得到了较快发展，鲇鱼、鲫鱼、长吻鮠产量稳居全国第一位，保障了全省水产品的稳定供应，为"菜篮子"产品稳价保供作出了积极贡献。同时，资源养护取得新突破，水产种质资源保护区达到了39个，完成了"清船""清网""清江""清湖"四清目标，为落实长江"十年禁渔"打下了坚实基础。立足"十四五"时期，渔业发展的条件、环境都发生了新的变化。政策环境的不断优化、渔业作用的日益突出及其发展潜力的不断提升，为四川省渔业产业发展带来了机遇，但同时也面临着传统养殖空间受限、水产养殖标准化、规模化、集约化程度不高、渔业科技创新能力不足等问题和挑战。

结合研究热点前沿和四川省五大农区关键问题，以及四川省渔业产业发展的资源优势和地域特色，提出以下重点任务。

（一）水产种质资源保护与利用

利用鱼类基因组测序及转录组分析，了解鱼类的遗传背景、基因功能和适应性，完善鱼类基因组图谱。开展鲟鱼、裂腹鱼等重要冷水性养殖种类种质资源评价与鉴定，挖掘重要经济性状的基因组学基础，建立冷水性鱼类种质保存基地和主要养殖品种遗传评估体系。重点围绕基因挖掘、重要经济性状遗传解析、全基因组选择、分子育种设计等核心技术，依据水产养殖产业需求，开展定性选育工作，培育满足不同养殖环境要求的高产、抗病、抗逆、优质的长吻鮠、黄颡鱼、鲇、鳜、鲈等新品系。

支持重点品种联合育种、育繁推一体化、繁种基地建设。推进一批水产种业园区及示范区建设，聚集各类资源和创新要素，打造具有地方特色的现代水产种业集群。加强珍稀、濒危、特有资源与特色地方品种收集力度，增强资源保存能力。

（二）稻渔综合种养循环模式推广

积极开发利用盆西平原、川南、川东北等地区丰富的宜渔稻田和冬水田资源，大力发展稻渔综合种养、稻渔种养循环，支持成渝毗邻地区统筹规划建设稻渔综合种养产业带，共建"巴蜀鱼米之乡"，促进粮稳产、渔增效。大力推广稻渔综合种养、大面积生态养殖等健康养殖模式，重点关注不同鱼类品种在不同温度和缺氧胁迫等外在环境条件下的生理生化适应机制，以及关键营养物的缺乏和添加对鱼类生理代谢、养分利用、免疫功能等的影响。以推进水产养殖业绿色发展为主题，实施多营养层级立体生态养殖等生态健康养殖模式，开展水产绿色健康养殖技术推广"五大行动"，持续推动养殖尾水资源化利用和达标排放。

（三）渔业种养基础设施强化

发展适用于综合养殖、生态养殖和健康养殖的基础养殖装备与设施，重点推进稻渔基础设施的改造和建设，全面保障种养设施用地需求，规范化、标准化建设稻田设施，宜农宜机宜渔，合理选择水稻和鱼类品种，形成多元化、规模化、特色化的种养结构。全面推进产、学、研、推、用深度融合，充分发挥稻渔综合种养专家团队、科研院所和高等院校基础研究优势，利用龙头企业、科技园区等科研资源，加大科技攻关力度，聚焦渔业设施设备、智能渔业等关键领域，积极推动一批关键技术的研究和应用，不断完善全链条服务技术体系，加快渔业产业应用科技成果的推广和转化，支撑和引领四川省渔业高质量发展。

四、农业资源与环境领域

（一）现代生态循环农业技术

调整农业畜牧业结构，促进农牧结合，实现种养循环。建立种植—养殖—生物质资源化结合的循环农业体系，推进资源节约化，生产清洁化的农业可持续发展模式。研究农林渔业废弃生物质定向转化技术、农业废弃物的生物炭材料制备与应用技术；开发绿色农业、有机农业，建立规模化、机械化、技术化的标准种养模式。

（二）耕地质量提升与环境治理技术

全面加强农业面源污染防控，开展污染源控阻技术研究；研发新型绿色肥料、农药；研发农田重金属污染防控技术；研发秸秆还田循环利用技术、畜禽排泄物收集处理及资源化利用技术。加强区域生态分析与监测，维护区域生态安全。

（三）农业生物质转化与资源化利用技术

目前四川省农业废弃物利用主要还停留在农作物秸秆回收利用上，对于畜禽粪便、农业加工残余废弃物的有效处理和利用率不高。2025年，预计四川省农作物秸秆理论资源量4 650万吨，畜禽养殖废弃物产生量1.86吨,发展农业生物质转化与资源化利用技术可以不断改善土壤地力、治理农业面源污染,发展农业循环经济。如研究农业生物质综合利用关键技术与装备、畜禽排泄物资源化利用关键技术与装备;发展和建立农业生物质产业化示范工程、发展和建立农村生物能源产业化示范工程。

五、食品科学与技术领域

要践行好大食物观,一要确保"大平衡",确保量与质的供需平衡,着力发展食品质量检测技术。二要利用"大资源",突破生物制造的瓶颈,拓展多元化供给资源。三要聚焦"大健康",开发和种植有利于提高和促进人体健康,调节人体机能的功能化高科技农产品。食品产业应以健康为导向、科学为依据、以法规标准为依据,大力发展营养健康产业和消费市场。基于上述的食品科技相关的研究热点和四川省五区农业科技需求,未来四川省科研机构在食品科学与技术领域就以下食品质量安全、未来食品、食品风味提升方向展开科学研究工作,来满足四川省农业科技发展需求。

(一) 减损保质关键技术研究

根据四川省委、省政府2019年提出的"10+3"布局(川粮油、川猪、川茶、川菜、川酒、川竹、川果、川药、川牛羊、川鱼十大优势特色产业全产业链融合发展,现代农业种业、现代农业装备、现代农业烘干冷链物流三大先导性产业支撑),川果是其中之一需要大力发展的优势特色产业。2011—2021年,四川省果园面积从57.04万公顷增长至83.75万公顷,增长了26.71万公顷,增幅约为46.82%。2018年增速达到峰值,同比增长率约为7.31%。因此,深入研究创新调控技术和保鲜包装材料、无损监测等是突破精准有效的采后减损保质贮运关键技术、建立高效的供应链保障体系的重要任务,对保障农产品的有效供给起到重要支撑。

果实的无损检测技术既是食品科技领域的研究热点，也是四川省科技需求中产业强链补链中快速分离技术的关键一环。传统的果实检测方法主要是化学分析方法、质构剖面、穿刺等，对水果的破环性大且不可逆转，容易造成浪费。果实无损检测技术可以在不影响果实本身完整性的情况下，记录果实品质指标参数为果农、分销商、消费者提供准确、高效的决策建议。在果实采摘环节、果实分离分级环节、贮藏期间及货架期间都可以发挥果实无损检测技术的应用潜力。果实无损检测技术，包含声振动法、光谱分析、电子鼻技术、热图像技术等，基于声学特性、介电性质、光学性质的无损检测原理，值得深入探索和研究。猕猴桃、柑橘、梨、苹果、葡萄、香蕉、柠檬是四川省主要生产的几种水果品种，针对不同果实类型的减损保质技术将成为重要研究任务。

（二）功效富集加工技术突破

近年来，人们对食物的需求由以提供能量为目标的"吃饱"转向满足个性化的促健康、治未病的"吃健康"转变。"十四五"全国农业农村科技发展规划中强调了未来食品制造，研究细胞培养肉、合成蛋奶油、功能重组蛋白等营养型食品的培养和制造技术是未来的一个重要研究方向。发展植物基未来食品的制造科技从产品原料上来看，减轻了对养殖业的供给依赖，实现了更多元化的供给资源拓展。另外以合成生物学、细胞工程等技术为基础的动物、植物、藻类、微生物细胞工厂，不与传统作物竞争土地资源，围绕终端功能食品从特色品种、栽培、加工等方面的创新研究实现高效的食物营养组分生产。通过品种选育、生产技术创新，突破农产品功能强化生产技术，强化农产品功能因子，加工技术创新，使功效成分富集成为功能食品。

近五年，四川省科研机构研究的热点中也已经包含了关于人造牛肚、大豆分离蛋白制作大豆肉（素鸡块、素鱼肉等）的研究；如N-糖蛋白组生物学功能和结构性质研究、豆类蛋白质理化特性研究、表没食子儿茶素没食子酸酯（EGCG，Epigallocatechin Gallate）对大豆分离蛋白（SIP）功能和结构性质研究营养物质、口味。在未来的研究中关于未来食品的制造研究有以下两个方向：第一是植物肉中的碳水化合物和其他营养物质的配比，人们的膳食结构已经从吃得饱转变为吃得好吃得健康；第二是满足人们对口味的追求：植物基肉制品内含复合物的配比，以此模拟与真实肉类更相似的口感、嚼劲、纹理等。食品加工技术实现植物蛋白原料到植物"肉的高值化利用，对保障蛋白质高效供给和人民生命健康具有重要意义。

针对不同健康、绿色可持续的传统肉类替代品，通过科学配方和技术创新，可以生产色、香、味、形和营养都与肉制品相似的植物基食品，是有效挖掘生物资源潜力，全方位向植物微生物要热量、要蛋白的生动案例另外在3D食物打印技术、微生物蛋白食品、蛋白质补充品（蛋白质棒、蛋白质粉等）也是未来待开发的蓝海（关桦楠等，2024）。

（三）食品风味形成机理研究

食品风味包括嗅觉、味觉、视觉、触觉甚至听觉等综合性感官效果，而食品风味已成为是影响人们选择食物来源的主要因素之一。2023年四川省委、省政府近日印发的《关于加快建设质量强省的实施意见》对发展绿色优质农产品、做亮"天府粮仓"高品质名片提出了要求，其中天府粮仓农业品牌的建设是重中之重。未来要打造天府粮仓产品品牌效应，食品风味的研究任重而道远。

在四川省地区90%人口以大米为主食，常年消费量在1 400万吨以上。近年来在四川省科研机构的研究中，对淀粉的理化性质影响水稻口感的研究较热，已有的研究成果探讨了大米风味物质的产生机制，不同稻谷品种、生长环境、储存条件、直链淀粉含量、蒸煮方法对水稻口感的影响。2021年四川省农业大学水稻研究所主研基于33个遗传多样性水稻材料的泛优异基因进行全面鉴定和准确分析，对优异水稻基因进行发掘，提供了一个高质量泛基因组水平的基因组变异资源。基于口感、嗅觉、营养成分分析的数据，结合机器学习对大量数据分析和处理，构建风味模型、提取风味特征、分析风味因素、针对不同的人群画像预测风味喜好和推荐产品,也是未来的发展发展任务之一。

六、农业工程领域

(一) 设施农业转型升级技术

推进设施农业的健康生产与环境友好型新模式、新型加工工艺与智能化成套装备,大力研发设施农业机器人,开发设施农业高效精准环境调控,包括空气、水体、营养质量调控,污染物减排,环境净化,工程防疫,生理参数与环境信息智能采集,产品质量安全与追溯,病死畜禽水产无害化处理,粪污减量化等关键技术、工程装备及其智能化、智慧化产品。同时,建立畜禽养殖废弃物高效养分综合管理技术体系,以及基于设施农业大数据的云存储平台,为设施农业生产提供工程技术装备与信息化保障。

(二) 农业数字化与信息化

发展支持农业数字化感知、智能化决策、精准化作业、智慧化管理的农业体系;发展物联网技术产品,构建物联网应用公共平台,建立面向农业资源与环境、农业牧业精细化生产管理、农产品质量安全智能农业技术体系;开展农业大数据研究;发展农作物及畜禽育种数字化技术。

(三) 农业机器人研究与应用

四川省农业可持续发展面临的挑战之一就是农业劳动力成本上涨,复杂的生产环节"无机可用"制约产业效益提升。为破解传统农业机械从事复杂生产作业的局限，以人工智能和信息科技为核心的农业机器人具备代替人工机械复杂劳作的独特优势。发展具备环节感知、自主决策、智能控制以及作业执行的自主农业机器人研究与应用以适应四川省农业结构调整、农业生产方式转变需求。

第七章
四川省农业领域重大工程专项

一、生物育种工程

(一) 需求与必要性

种业是农业的"芯片",是国家战略性、基础性核心产业,中国人的饭碗任何时候都要牢牢端在自己手中。2022年4月,习近平总书记在海南省三亚市崖州湾种子实验室考察调研时强调,种子是我国粮食安全的关键。只有用自己的手攥紧中国种子,才能端稳中国饭碗,才能实现粮食安全。党的二十大报告和2023年中央一号文件提出"深入实施种业振兴行动",为"中国粮主要用中国种"行动提出了要求、指明了方向。

1. 全球种业创新进入现代生物育种"5G"时代,抢占生物育种研发制高点成为世界各国农业领域重大战略选择

根据经济合作与发展组织(OECD)的预测,2030年全球人口将达到85亿人,生产力的提高是养活不断增长的全球人口的关键(樊胜根等,2022)。未来,农产品产量的提升主要靠创新,其中最重要的就是种业创新。世界种业巨头在前沿生物技术领域都投入巨资,先正达已在5个作物领域开展基因编辑育种;在禽育种领域,安伟捷、海兰、樱桃谷鸭、克里莫等巨头通过全基因组选择，将禽类育种准确性平均提高20%以上；孟山都公司人工智能研究人员开发出人工智能育种算法，使孟山都玉米育种效率提升了5倍；截至2021年，世界前十大种业公司销售额占全球销售额的90%以上，其中拜耳（孟山都）、科迪华、先正达三家龙头企业占据了全球种业市场的半壁江山（柳苏芸和郝晓燕，2021）。

全球种业创新进入"前沿生物技术+人工智能育种"的5G时代，其中转基因技术、基因编辑技术、全基因组选择育种、基因组学成为当前国际生物技术育种研究的核心与前沿。当下抢占生物育种研发和拔尖人才培养制高点，已成为世界各国增强农业核心竞争力的重大战略选择。

2. 我国种业科技创新格局逐步形成，抢占"种业振兴"制高点成为建设农业强省的重大举措

我国是世界第二大种子市场，是种业大国，但不是种业强国。我国水稻、小麦两大口粮作物品种100%自给，但大豆种子对外依赖度高达86%，胡萝卜、茄子等种子进口依赖度超过90%，商业养殖种猪进口率达90%、白羽肉鸡品种进口率达60%，实现种源自主可控已迫在眉睫（种聪等，2023）。国家出台和部署"解决好种子和耕地问题""有序推进生物育种产业化""推进种业领域国家重大创新平台建设"等指导性意见和重点任务，并于2022年9月组建国家级崖州湾实验室，旨在聚焦国家战略、科技前沿，打造"总部+基地+网络"的国家实验室格局，实现种业科技自立自强。各省多地已明确对标国家实验室展开种业创新布局。2020—2022年，全国已建成湖南省岳麓山种业创新中心、湖北省洪山实验室、河南神农种业实验室，这些实验室锚定区域品种、区域性关键技术问题开展研究，并逐步在全国"东南西北中"五大区域布局基地，抢占种业振兴的制高点，成为国家种业战略科技力量的重要组成部分。

3. 抢占国际生物育种新高地，补齐"川种"发展短板，推动"川种"强势崛起，是四川省迈向农业强省、擦亮农业金字招牌的必然选择

四川省是农业大省，全国生猪养殖第一大省，国家唯一优质商品猪战略保障基地，全国13个粮食主产省份之一、五大牧区之一、四大育制种省份之一，全国重要的冬春蔬菜生产优势区和"南菜北运"基地。习近平总书记在参加十二届全国人大五次会议四川省代表团审议时指出，四川省农业大省这块金字招牌不能丢，推进由农业大省向农业强省跨越。2022年6月8日，习近平总书记视察四川省时作出"在新时代打造更高水平的天府粮仓"重要指示。

四川省位于种业振兴全国第一方阵，但也存在供种保障能力不足、种质资源保护利用深度不够等短板，种业科技发展还处于竞争弱势。特别是近年来四川省种业影响力在不断下降："十三五"期间，国家审定二级以上优质稻品种中，广西有209个，四川省仅41个。中国农业科学院评估表明，四川省水稻育种的整体实力在全国由2011年的前2位下降至目前的第八、第九位（四川省人民政府，2021）。作为全国农作物和畜禽中资源最为丰富的地区之一，四川省直至2022年底才启动种质资源库建设，基础研究相对落后。此外，四川省种子企业小散弱、创新能力不强，2010年前，四川省种子企业综合实力在全国名列前茅，此后徘徊不前直至严重倒退。目前四川省尚无一家农作物种子企业在主板上市，无一家种子企业销售利润进入全国前10位，全国农作物种业企业50强四川省仅有3家（田骏涛，2021）。

当下，四川省种业存在科研关键设备十分紧缺、种质资源深度利用不足、育制种基地建设条件落后、企业创新能力不足，新方法新技术研发应用缓慢等短板，加之四川省气候类型多样，生态独特，国内外选育的品种大多无法直接在四川省生态区大面积推广应用，"拿来主义"在四川省种业发展行不通，地方特色品种、区域关键问题只能自主发力解决。四川省种业距离农业强省建设、种业振兴战略要求还存在很大的差距，亟待提高种业创新水平、完善研发转化平台，解决四川省种业自身发展区域问题，做大做强"川种"成为四川省种业发展的关键方向。

（二）工程目标

围绕种源安全、种业振兴等国家重大战略需求，瞄准世界种业科技发展前沿，聚焦四川省种业重大技术攻关和科技需求，构建"1+4+N"种业创新体系。以选育水稻、玉米、小麦、油菜、马铃薯等主要农作物突破性品种，生猪、鸡等主要畜禽品种以及其他品类作为核心，以生产中急需的、有重大增产增收意义的新品种为重要支撑，以生物育种锻造农业"芯片"为方向，从资源保护、种质创新、基因挖掘、育种技术、新品种选育等科技创新链条，从基础研究、前沿技术、共性关键技术、品种创制与示范应用（中国工程科技 2035 发展战略研究项目组，2019），实施全产业链育种科技攻关，重点突破基因挖掘、品种设计和良种繁育核心技术，实现精准、规模、高效育种。创制有重大应用前景的新种质，培育和推广一批突破性当家新品种，解决四川省种业重大共性问题及科技需求。重塑"研发—服务—推广"全链条四川省种业科学发展体系，提高种业科技创新能力，加快推进生物种业科技创新体系建设，推进核心种源自主可控，显著提升四川省生物育种竞争力。

（三）工程重点任务

1. 主要农作物种质资源收集、挖掘与利用

一是农作物种质资源的安全保护。加快制定省级农作物种质资源保护与利用发展规划，加强种质资源收集保护，特别加强农作物种质资源保护区、保护场、种质资源圃建设，调整优化种质资源保护区，提高农业种质资源保护基础设施水平（张萌，2019）。二是农作物种质资源精准鉴定与深度挖掘。建立重要作物种质资源精准鉴定技术规范，开展种质资源精准表型和基因型鉴定，发掘控制产量、品质、抗病虫、抗逆、养分高效利用等性状的基因及利用价值高的种质资源。三是农作物种质资源创新与利用。建立优异基因快速检测、转移、聚合和追踪的技术体系，创制具有自主知识产权的优异当家新种质，促进四川省种质资源丰富的优势转变为基因资源优势和产业竞争力优势。

2. 主要农作物生物育种及育种装备研究

一是创新生物育种基础理论方法。综合运用多组学、系统生物学和合成生物学等手段，解析农作物产量、品质、抗病、抗旱耐贫等重要性

状的遗传调控网络及重要性状形成的分子基础，研究基因组变异、表型变异规律及其应对环境变异的机制（范贝贝 等，2023）。二是加强生物育种与常规育种技术结合。聚焦多组学、基因编辑技术、全基因组选育、智能设计育种等基础理论与关键技术，挖掘农作物重要应用价值的基因，构建主要农作物规模化分子育种技术体系，培育突破性优良当家品种，并进行试验示范。三是加强育种装备研发与应用创新。研制一批具有自主知识产权的多生境—高通量—高效率—高精度的作物表型观测设备，智能考种装备、精量播种、智能收获测产、果穗种子清选加工等智能装备，提升育种机械装备与种子繁育制种等农艺要求的融合度。四是开展商业化育种软件研发与应用稳步推进，撬动农作物育种由传统育种向商业育种，由"经验育种"向"精准育种"转变。

3. 畜禽生物育种、高效繁殖及废弃物综合治理

一是开展畜禽生物育种研究。挖掘畜禽优异性状的关键基因和分子标记，解析畜禽生长和繁殖等重要经济性状的分子机制（孙巍 等，2021）。优先培育瘦肉型猪和高产优质鸡、牛等新品种（邢生炎 等，2023）。二是发展畜禽高效繁殖。研究公畜精液优质高产技术、精液长效保存技术和快速低损伤分离技术，建立人工授精技术标准，攻克胚胎—干细胞育种难题，合理应用胚胎工程技术提高动物的繁殖水平，保存优良畜禽遗传资源。加快后裔测定场合育种示范基地的建设，发展畜禽高效繁殖。三是大力开发无害化、减量化、资源化、生态化的畜禽养殖业废弃物综合治理技术，实施畜禽养殖废弃物达标排放和资源化利用（Jayathilakan et al.，2012）。

二、农业机械化与农机装备工程

（一）需求与必要性

农业机械化和农机装备是转变农业发展方式、提高农村生产力的重

要基础,是实施乡村振兴战略的重要支撑。党的二十大报告明确要求"强化农业科技和装备支撑"。2023年中央一号文件提出"加快先进农机研发推广。加紧研发大型智能农机装备、丘陵山区适用小型机械和园艺机械,完善农机购置与应用补贴政策"。农业机械化与农机装备已成为发展现代农业的重要物质基础,也是农业现代化的重要标志。

1. 农机及装备的高质量发展是农业现代化的必由之路

推进农业机械化与农机装备发展是提高农业生产效率、土地产出率、资源利用率的客观要求,是转变农业发展方式、提高农业质量效益的现实需求(张璠 等,2022)。随着人工智能、物联网、大数据等新兴技术与农业生产加快融合,农业生产已进入网络化、数字化、智能化发展的新时代(韩佳伟 等,2022)。欧美发达国家纷纷把智能农机发展摆在突出位置,开展包含农业物联网、农业传感器、农业大数据、农业机器人、农业区块链等智能农机关键技术研发攻关。当前,全球农机装备产业格局稳定增长,总体规模不断扩大,正加速向精准、高效、智能、节能装备等方向发展,可预见未来的5~10年,现代农业对高效智能环保农业动力的需求越来越迫切。中国作为传统的农业国家和世界上最大的发展中国家,也是世界农机装备第一制造大国和使用大国,已形成65个大类、4 000多个机型品种的农机装备产品系列,能够满足国内90%以上的市场需求(欧阳安 等,2022),2022年我国农机制造行业市场规模已达3 820.5亿元(智研咨询,2023),为主要农作物综合机械化率超过71%提供了有力支撑保障。近几年,在国家高度重视和强调农业生产和粮食安全的背景下,国家颁布了一系列积极推动农业机械化政策,旨在农业机械生产力的提高(表7-1),我国农业生产已进入机械化主导阶段,农机装备已成为保障国家粮食安全、加快推进农业农村现代化的主要支撑和重要基础。

表7-1 我国农业机械行业相关政策

发布时间	发布部门	政策名称	主要内容
2020年9月1日	国务院办公厅	《国务院办公厅关于促进畜牧业高质量发展的意见》	落实农机购置补贴政策,将养殖场(户)购置自动饲喂、环境控制、疫病防控、废弃物处理等农机装备按规定纳入补贴范围

（续表）

发布时间	发布部门	政策名称	主要内容
2020年10月1日	国家发展改革委	《关于支持民营企业加快改革发展与转型升级的实施意见》	推动机械装备产业高质量发展、石化产业安全绿色高效发展，推进老旧农业机械、工程机械及老旧船舶更新改造
2021年1月1日	农业农村部	《农业农村部关于落实好党中央、国务院2021年农业农村重点工作部署的实施意见》	大力推进农业机械化。实施新一轮农机购置补贴政策，加大粮食生产薄弱环节、丘陵山区及绿色智能农机等机具补贴力度，推进农机报废更新。发布主要农作物、丘陵山区等技术装备薄弱环节需求目录，引导企业生产农民急用、产业急需的农机产品，加快丘陵山区农田宜机化改造
2021年3月1日	农业农村部	《农业生产"三品一标"提升行动实施方案》	集成推广技术模式，研发创制高端农机装备和适宜丘陵山区、果菜茶生产、畜禽水产养殖的农机装备，集成创新一批土壤改良培肥、节水灌溉、精准施肥用药、废弃物循环利用、农产品收储运和加工等绿色生产技术模式
2021年4月1日	农业农村部办公厅、国家乡村振兴局综合司	《社会资本投资农业农村指引（2021年）》	支持社会资本参与农机生产、销售、应用等产业发展，壮大农业机械化产业群和产业链
2021年6月1日	商务部等17部门	《关于加强县域商业体系建设促进农村消费的意见》	结合春耕、夏种、秋播等重要农时，抓好化肥、农药、农膜、农业机械及零配件等重点农业生产资料市场监管
2021年8月1日	交通运输部、农业农村部	《关于全力做好农业生产物资运输服务保障工作的通知》	要积极向农资产品行业协会、农业生产物资重点生产流通经营主体宣传有关政策，主动做好协调服务，确保农业生产物资和农机具及时入村进场
2021年12月1日	农业农村部	《"十四五"全国农业机械化发展规划》	构建全国农业机械化管理服务系统，实现农机试验鉴定、安全监理、技术推广、运用指导、质量监督、公共服务、发展监测和基础信息管理服务系统互联互通
2021年12月1日	国务院	《"十四五"推进农业农村现代化规划》	稳定实施农机购置补贴政策，创建300个农作物生产全程机械化示范县，建设300个设施农业和规模养殖全程机械化示范县，推进农机深松整地和丘陵山区农田宜机化改造。加强农业机械抢种抢收抢烘服务能力建设

(续表)

发布时间	发布部门	政策名称	主要内容
2022年3月1日	国务院	《国务院关于落实《政府工作报告》重点工作分工的意见》	加快推进种业振兴，加强农业科技攻关和推广应用，提高农机装备水平

2. 农村劳动力结构性短缺以及适度规模的土地集约化加剧对农机及装备的需求

由于务农经济性相对降低，进城务工的经济效益远高于务农的经济效益，农村劳动力加速向非农产业转移，农村存量劳动力不断减少，因而四川省农业劳动力结构发生了巨大改变，呈现"急缺"和"老龄化"的现象，而农业机械化与农机装备能够对农村劳动力形成有效替代，依靠农机还能节本增效，提高农产品市场竞争力，经济效益逐步显现。故农村劳动力的结构性短缺成为农业机械市场需求持续增长的重要内在推动力，并且用户对农机产品的需求不再仅仅停留于"性价比高、耐用"的层面，而是对机械的先进、适用、舒适、节能、环保提出了更高的要求，发展农业机械化及农机装备已形成了广泛的社会共识。此外，在鼓励发展农业适度规模经营的背景下，土地集约化和生产规模化成为了主流趋势，通过农业机械进行生产作业亦随之成为了必然趋势。

3. 四川省农机"三高三低""三多三少"短板显著制约四川省农业现代化发展，迫切需要农机及装备产业转型升级

四川省的农业经济占重要地位，从地形上看，全省的山地占了77.1%，丘陵占了12.9%，平原占了5.3%，高原占了4.7%（代德 等，2019），四川省多山区耕地严重上限制了农机的发展（邓祥丰 等，2018）。目前，四川省农作物耕种收综合机械化率水平低于全国平均水平，以机动脱粒机、耕整机、排灌动力机械为主，总体发展可概括为"三高三低""三多三少"，其中"三高三低"即：从作物上看，小麦、水稻、玉米三大主粮作物综合机械化水平较高（机械化率70%以上），特色作物综合机械化水平较低，茶叶机械化水平22%，果菜药材等机械化水平不到10%；从产业上看，种植业机械化水平较高，而畜牧业、渔

业、设施农业机械化水平较低（机械化率40%以下）；从区域上看，平原、高原地区的机械化水平较高（平原机械化率65%、高原机械化率60%），丘陵山区的机械化水平较低（丘陵机械化率40%、山区机械化率22%）（杨建国 等，2021）。"三多三少"即机具上，小马力、中低端机具较多（约320万台套），大功率、高品质机具较少大中型拖拉机及谷物联合收割机近10万台套；技术上，单项应用的农机技术较多，集成配套的农机化技术较少；主体上，小规模自用型农机户较多，规模化、专业化、集约化、社会化的服务型主体发展不够，组织化程度和利用率不高。

四川省农机及装备短板显著制约农业现代化发展。为此四川省政府出台《四川省"十四五"推进农业农村现代化规划》《四川省人民政府关于加快推进农业机械化和农机装备产业转型升级的实施意见》《四川省"十四五"现代农业装备推进方案（2021—2025年）》等系列规划政策文件，并在2023年省委一号文件指出"要提升农业物质装备水平，加快建设现代农业装备产业园"，旨在补齐四川省现代农业装备短板。四川省迫切需要推动全省农业机械化和农机装备产业转型升级，应用农机及装备来提高丘区"劳动生产率"和"土地利用率"，大幅提升质量效益，实现绿色发展。

（二）工程目标

构建农机研发攻关机制体制，与农业农村部南京农业机械化研究所、中国农业机械化科学研究院等合作组建全方位开放、具有全球视野的西南丘陵区智能绿色农业装备联合创新中心，联合开展战略研究、关键核心技术研发攻关、新兴技术示范推广应用、人才培训培养和产业技术服务。聚焦"产学研用"优势力量，整合省内外优势研发团队，组建创新联合攻关体，围绕"耕、种、收"农业全链条生产，集智攻关制约现代农机装备产业发展的关键核心共性技术，着力打造西部地区农机科技创新高地。推进新能源农机装备、"油改电、电代油"等一批重点研发项目加快实施。提高农机装备信息收集、智能决策和精准作业能力

(国务院，2015)，探索不同作物、不同区域包括机械化生产农艺要求、工艺路线、技术要点、机具配套、操作规程和运行机制的面向农业生产的信息化整体解决方案（徐振兴，2021）。研发制造一批好用、适用、绿色、高效的先进小型农机具。

（三）工程重点任务

1. 农业机械化基础建设

一是按照旱涝保收、能排能灌、宜机作业要求，推进高标准农田建设，配套完善农机作业通道（陈孟坤，2021），特别是农村田地耕道、农田水渠、田地宜机化改造，并制定、修订相关制度、标准、规范和实施细则。二是基于农机设备稳定使用需求，建立维修站与农机仓库，安排专业的维修人员处理区域内设备故障问题（孙继君，2023），延长农业机械设备的使用时间，将农业机械设备故障率控制在较低水平（朱娟芬和谢志勇，2021）。三是加大农业机械化与农机装备的推广使用资金投入，对购置或租赁大中型、高性能农业机械的农业生产主体给予贷款贴息或融资租赁补助（四川省人民政府，2019），以鼓励农业机械化的高效推广。四是注重农机人员培育，强化农机推广工作人员培训，以确保推广人员掌握农业机械化知识的能力，提升实践能力（范淼和裴浩男，2022）。

2. 农机装备研发创新与示范应用

围绕四川省农机短板及现代农业发展需求，着眼粮油生产薄弱环节和丘陵山区农机化发展：一是开展农机作业对土壤质构及作物生长影响机理研究，研发高效精准田间管理、耕地质量提升、高效节能环保的农机装备技术；二是研究丘陵山地农业机械化作业关键装备技术，突破机械行走机构、动力传递与高效驱动、姿态自动调整、机具悬挂装置坡耕地自适应、多点动力输出等多项核心技术（中国工程科技2035发展战略研究项目组，2019）；三是研发农机农艺融合装备以及多功能农机装备。厘清土壤—机器—植物互作、种植模式与机械装备相互适应及融合过程关键障碍因素，研发农机农艺融合装备；利用新型科技，将多种功能集中在一种机械上研制多功能农机装备，提高生产效率、降低生产成本，改善和调整农业生产结构。四是开展全程全面机械化示范行动。加大水稻机械化育插秧、机械化抛秧、同步侧深施肥、油菜收获、秸秆粉碎还田离田等新技术示范推广应用，并将先进适用农机装备列入省级奖励资金使用范围。

3. 农机社会化服务能力提升

按照"一村一农机大户、一乡一农机合作社、一县一综合农事服务中心"的布局，构建多元化、多层次、多类型农机社会化服务领域集聚。扶持发展农机合作社、农机大户、农机作业公司等新型农机服务主体，扩大农机社会化服务组织规模，特别是丘陵区域服务组织规模，解决规模作业与农户分散经营的矛盾。强化农机推广、鉴定、安全管理等公益职责，实施基层农技推广服务体系、专业农机手培训行动等项目，开展农机技术知识更新培训，组建农机农艺融合创新团队，用好用活农机服务"互联网+"模式，通过跨区作业、订单作业、承包服务、农业生产托管等多种形式提供农业生产全过程机械化服务。优化服务主体布局，扩大作业覆盖范围，形成农机销售、维修、培训、服务、调度"一条龙"社会化服务体系。依托"全程机械化+综合农事"服务中心，科学化、合理化、高效化延伸农机技能培训、维修、配件供应等服务链，建设区域性农机维修网点。加大政策扶持力度，并向丘陵山区倾斜。完善农机购置补贴政策，引导金融机构加大农机装备制造企业、农机新型服务主体信贷投放力度。

三、耕地质量提升与农业可持续发展工程

（一）需求与必要性

1. 耕地质量提升是四川省农业生产及产品安全的迫切要求

耕地是保障与维护农业生产的基础性物质，对于农业生产产量与质

量有着极大的影响，但受生态污染及经济效益等因素影响，我国耕地质量下降幅度不断加大，已经严重威胁着农业生产以及居民安全。为保证农业持续化发展目标的实现，全方位提升农业产业经济效益，需要持续加大农业供给侧结构性改革力度，从不同角度增强耕地质量与水平，让我国农业绿色、安全生产发展目标可以真正实现（刘涛，2022）。四川省坚持"量质并重、保护提升""因地制宜、综合施策""突出重点、整体推进""政府引导、多方参与"的原则，印发了《四川省耕地保护与质量提升项目实施方案》《耕地质量保护提升和化肥减量增效示范项目工作方案》等方案，为切实做好耕地质量保护与提升提供了技术支撑（四川省耕地质量与肥料工作总站，2021）。党的二十大报告再一次重申"牢牢守住18亿亩耕地红线"，耕地红线既是数量上的，也是质量上的。四川省认真学习贯彻党的二十大和中央农村工作会议精神，印发了《建设新时代更高水平"天府粮仓"行动方案》，同时把聚力实施"天府良田"建设行动作为2023年农业十大重点任务之一。

2. 农业可持续发展是四川省农业发展的内在要求

《全国农业可持续发展规划（2015—2030年）》指出农业关乎国家食物安全、资源安全和生态安全。大力推动农业可持续发展，是实现"五位一体"战略布局、建设美丽中国的必然选择，是中国特色新型农业现代化道路的内在要求。传统粗放型农业拼资源、拼消耗虽然曾经刺激了我国农业经济快速增长，却使我国农业发展面临着资源短缺、约束趋紧、环境污染等逐渐扼喉的困境。2021年中央一号文件强调要将"推进农业绿色发展"作为加快推进我国农业现代化的重要抓手，四川省作为农业大省、粮食主产区之一，如何利用有限的农业资源，产出更多高质量的粮食和农产品，满足人民日益增长的对高质量食物的要求，实现产需平衡，四川省重任在肩。四川省农用化肥施用折纯量2021年为207.16万吨，较2018年的235.21万吨减少了27.05万吨，自2009年起，四川省的化肥施用折纯量持续在减量，化肥的减量一方面减少土壤环境污染，降低农业投入，另一方面促进有机肥的施用，有利于土壤地力的恢复和保持。近年来，四川省耕地有效灌溉面积占耕地面积的40%左右，大部分耕地用水靠大自然给予，且人均有效灌溉面积少，仅为全国平均水平的 2/3，区域性、季节性和工程性缺水严重，导致农业供需水矛盾突出，农田灌溉"最后一公里"问题仍然严重，制约农业经济效益的产生，也影响农业的可持续发展（胡俊雅，2020）。

（二）工程目标

稳定监测、采集四川省耕地数据，科学分析评价四川省耕地环境质量及问题，提出耕地质量提升策略与措施，形成适宜四川省五区特点、用养结合的绿色高效生产模式，大规模推广应用，在保障主要作物产量、水肥利用效率和综合经济效益显著提高的基础上，使耕地质量和水土环境明显改善，实现四川省土地地力的良性保持和土地质量的稳步提升。根据五区农业发展基础、资源禀赋、环境承载能力，建设区域土地保护、农牧业可持续发展、干旱区节水抑盐与白色污染防控、地下水超采区适水农业发展、耕地重金属污染综合治理、石漠化综合治理、稻渔种养生态循环等，研究确定不同区域的农业可持续发展方向和重点，探索区域农业产业布局与资源环境承载力的匹配关系、农业资源绿色高效利用技术与调控产品．研发农业环境保育与修复技术、农业废弃物综合利用技术，优化区域农业结构，构建区域循环农业模式，提升农业可持续发展能力和综合生产能力。通过集成示范农业资源高效利用、环境综合治理、生态有效保护等领域先进适用技术，探索适合四川省五区不同区域特点的、可复制和可推广的可持续发展模式，为实现资源利用高效、产地环境良好、生态系统稳定、农民生活富裕、田园风光优美的农业可持续发展新格局提供科技支撑。

（三）工程重点任务

1. 耕地质量监测评价与管理

基于四川省布设的 10 000 个耕地质量调查点，1 010 个耕地质量长期定位监测点，22 个耕地质量综合监测点（四川省耕地质量与肥料工作总站，2021），采集各类耕地监测数据，分析耕地地力、肥力、土壤墒情、水分利用等信息，搭建由基础数据、技术支持系统和管理决策系统构成的耕地质量监测与管理大数据平台。通过开展耕地的肥力质量、环境质量和健康质量的调查，全面摸清四川省耕地质量及分布状况，进行土壤适宜性评价和耕地承载能力分析，提出粮食安全保障和农业结构调整措施；摸清四川省耕地环境质量及问题，提出耕地污染防治与修复对策、无公害农产品发展规划；摸清四川省耕地土壤障碍因素和土壤退化状况，提出土肥水资源合理配置和改良利用措施；摸清四川省耕地土壤养分状况，提出耕地养分资源综合管理模式。启动实施四川省耕地质量提升工程，确保耕地的可持续利用。

2. 地力保持与提升

四川省是我国13个粮食主产区之一，为了应对随着粮食连年增长所伴随的土地退化等一系列农业和生态环境问题，将以保护土地、综合利用水资源、推进农牧结合、提高水土资源综合利用效益为重点，综合治理水土流失，提升土壤有机质，提高土壤保水保肥能力。建设资源永续利用、种养产业融合、生态系统良性循环的现代粮畜产品生产基地。将研究建立四川省地力维持提升策略，攻克农田生产力提升障碍因子，科学配置水土肥等资源，提高水土资源综合利用效益；研究"天府粮仓"绿色提质增效技术系统，选育适合四川省气候特点和五区地形特点的中小型机械化生产的资源节约型和环境友好型绿色作物新品种，集成地力保持与提升、食用与饲用玉米高光效的绿色降本增产提质栽培模式、有机水稻绿色增产提质高效栽培模式、全程机械化生产、水土资源科学配置与水肥资源高效利用、有机废弃物资源化利用、精准生产与信息化管理等技术，进一步提升水肥利用和生产效率，提升四川省土地的可持续生产能力，实现农业节本提质增效。以粮油、大宗蔬菜、果树、茶叶等为主要监测作物，监测化肥减量增效情况，分析不同作物不同主推技术减量增效情况，不断优化完善化肥减量化主推技术，通过连续3~5年监测情况，力争形成符合当地实际、可复制、可推广的化肥减量化主推技术模式。

3. 农资的节约和高效利用

研究种养殖废弃物、化肥、农药等农业污染物在水—土系统中的迁移转化途径与驱动机制，构建农业污染负荷与迁移转化量化模型，明确农业源污染物质对农业流域水体和土壤的定量贡献；通过研究氮、磷、化学需氧量、生物需氧量、重金属、农药等农业污染物的发生特征，揭示土壤污染对农产品质量的影响；研究化肥农药污灌条件下土壤和地下水的污染及其控制机理。根据主要粮食作物、经济作物、蔬菜和果树的氮、磷、钾养分需求特征参数，通过土壤养分供应与肥料农学效率的量化关系，确定农田尺度和区域尺度；研究有机肥的高效利用，养殖粪污、秸秆的有机还田，提升土壤有机质，培肥地力，增加土壤碳汇，高标准农田增施有机肥的地力培育高效模式。

4. 用水的节约和高效利用

研发和推广适宜四川省不同区域的节水灌溉模式。开展、推广和应用种养循环技术，提取地下水经处理养殖水产品，利用微生物处理等技术将养殖用水中的富营养物转化后作为种植用水用以作物的灌溉，这套系统既能提高水资源的利用效率，又能防止灌溉不当造成的土壤盐碱化。这种循环系统的可持续生产模式可以扩展为稻渔农业循环系统等，如郫都区袁隆平科技示范园的稻渔立体循环种养、自贡市大安区的种养循环示范基地，以"种定养，养促种、循环发展"模式。推广应用渠道防渗、管道输水、滴灌、喷灌、地膜覆盖等节水灌溉技术，完善灌溉用水计量设施。建设农田水利工程配套设施，建设农田集雨、集雨窖设施，增强农业的抗旱能力和综合生产能力。调整种植结构。结合各地区的土壤环境，调整优化种植结构，改良耕作方式，推广抗旱作物品种，扩大优质耐旱作物的种植面积，鼓励种植耗水少、附加值高的作物。

参考文献

安南，2022. 四川丘陵地卢莹. 四川老字号品牌发展现状、问题及营销策略研究 [J]. 老字号品牌营销（9）：3-5.

安南，2022. 四川丘陵地区县域经济发展研析 [J]. 四川省情（12）：43-44.

车将，2007. 国外生态农业建设对比及其对我国生态农业建设的启示 [D]. 杨凌：西北农林科技大学.

陈百明，2006. 澳大利亚的农业资源与区域布局 [J]. 中国农业资源与区划，27（4）：55-58.

陈兵，钟凯，2022. 加速农业三产融合 匡助资阳乡村振兴 [J]. 农业科技通讯（5）：40-42.

陈超，庞艳梅，潘学标，等，2013. 未来四川地区农业气候资源的时空变化特征 [J]. 资源科学，35（9）：1917-1924.

陈进，姚金霞，杨建国，等，2017. 四川农机社会化服务研究 [J]. 四川农业与农机（3）：6-9.

陈俊江，眭海霞，2017. "互联网+"现代农业发展策略——以成都为例 [J]. 开放导报（5）：44-48.

陈孟坤，2021. 以"五良"融合为牵引 扎实推进补短板、促机种、保粮安工作——四川省农业农村厅党组成员、总农艺师陈孟坤在四川农机春耕生产现场会上的讲话摘要 [J]. 四川农业与农机（2）：6-8.

陈泳，2022. 超大城市现代都市农业发展的生动实践 [N]. 成都日报，2022-10-23（008）. DOI：10.28063/n.cnki.ncdrb.2022.

003597.

陈泳，2023. 建设新时代更高水平"天府粮仓"［N］. 成都日报，2023－09－23（002）. DOI：10.28063/n.cnki.ncdrb.2023.003395.

成都市发展改革委员会，2022. 成都市"十四五"农业农村现代化规划［EB/OL］. http：//cddrc.chengdu.gov.cn/gkml/gmjjhshfzgh/16442 17070340038656.shtml.2022－01－04.

程启月，2010. 评测指标权重确定的结构熵权法［J］. 系统工程理论与实践，30（7）：1225-1228.

代德，高立新，李琼，2019. 浅议四川农机装备发展现状、问题与对策［J］. 农家参谋（3）：71.

德阳市人民政府，2023. 稳农业"压舱石"德阳使出这三招［EB/OL］.2023－03－22. https：//baijiahao.baidu.com/s？id＝1725421038857718310&wfr＝spider&for＝pc.

邓祥丰，鄢强，宋慧瑾，2018. 四川农机装备的发展研究［J］. 四川农业与农机（4）：13-14.

邓自圆，2021. 四川省甘阿凉少数民族地区农业科技推广问题探讨［J］. 农业科技通讯（1）：25-28.

段莉，董昱宏，2023.2022—2023年攀西经济区经济形势分析与预测［M］. 北京：社会科学文献出版社：108-124.

樊胜根，龙文进，高海秀，2022. 应对全球种业发展五大趋势［J］. 今日养猪业（5）：109-110.

范贝贝，李瑾，冯献，2023. 农业强国目标下作物育种科技与装备创新：态势、挑战与路径［J］. 科技导报，41（16）：23-31.

范淼，裴浩男，2022. 农业机械化发展的技术推广难题及改进策略［J］. 现代化农业（6）：82-84.

冯耀文，蒋胜军，龙行春，2020. 新形势下加快遂宁现代农业园区转型升级的路径研究［J］. 四川农业科技（3）：77-79.

符刚，马强，2021. 自贡市农业机械化发展现状与对策建议［J］. 四川农业与农机（5）：28-29.

参考文献

高旺盛，孙其信，陈源泉，等，2023. 中国特色农业强国的基本特征及战略目标与路径［J］. 中国农业大学学报，28（8）：1-10.

龚雅婷，孙立新，毛世平，2018. 英国农业科技政策及对我国的启示［J］. 农业现代化研究，39（4）：559-566.

关桦楠，孙艺铭，刘晓飞，等，2024.3D 打印技术在动物源食品加工中的研究进展［J］. 食品与发酵工业，50（8）：325-333.

郭晓鸣，2020. 成都都市现代农业转型升级应当如何突破？［J］. 乡村振兴（8）：90-92.

郭琰，肖琴，周振亚，2023. 农业支持水平及政策结构变动的国际比较分析——基于欧盟、美国、澳大利亚、日本、韩国、巴西、中国的考察［J］. 世界农业（1）：17-29.

郭正模，2006. 攀西特色农业深入发展的战略思路［J］. 决策咨询通讯，17（3）：33-36.

国家统计局，2020. 农业及相关产业统计分类（2020）［EB/OL］. 2020-12-21. https：//www. stats. gov. cn/xxgk/tjbz/gjtjbz/202012/t20201221_1810322. html.

国家统计局，2020. 农业及相关产业统计分类（2020）［EB/OL］. 2020-12-30. https：//www. gov. cn/zhengceku/2020-12/30/content_5575377. htm.

国家统计局，2024. 第七次全国人口普查主要数据情况［EB/OL］. 2024-11-22. https：//www. stats. gov. cn/sj/pcsj/rkpc/d7c/202111/P020211126523667366751. pdf.

国家统计局，2024. 农业生产跃上新台阶现代农业擘画新蓝图：新中国成立70周年经济社会发展成就系列报告之十二［EB/OL］. 2024-11-23. https：//www. stats. gov. cn/sj/zxfb/202302/t20230203_1900405. html.

国务院，2015. 国务院关于印发《中国制造2025》的通知［EB/OL］. 2015-05-08. https：//www. gov. cn/zhengce/content/2015 05/19/content_9784. htm.

韩佳伟，朱文颖，张博，等，2022. 装备与信息协同促进现代智慧农业发展研究[J].中国工程科学,24(1):55-63.

韩琼慧,2023.乐山市建设现代农业示范区的调查与思考[J].中共乐山市委党校学报,25(4):45-51.

韩勇,武艳青,崔丽慧,等,2020.空间关联视域下河南省农民工返乡创业外部环境评价研究[J].中国农业资源与区划(7):207-215.

郝艳玲,2009.四川省农业生物资源保护与开发利用概况分析[J].四川农业科技(6):5-6.

何得桂,梁小伟,2023.大食物观的深刻内涵、重大意义与实现路径[J].社会治理(4):111-120.

胡光亚,杨勇,胡发凯,2023.凉山州农业机械化现状及对策[J].四川农业与农机(3):62-63.

胡俊雅,2020.基于欧氏距离法的四川省农业可持续发展水平研究[D].绵阳:西南科技大学.

胡旭,许钰莎,王森培,等,2023.关于加快推动四川种业创新发展,实现种业科技自立自强的思考[J].四川农业科技(5):18-20.

黄恩胜,2002.澳大利亚农业考察[J].广西热带农业(1):33-36.

黄艳玲,张从合,严志,等,2023.中国农作物种质资源保护的研究进展[J/OL].杂交水稻:1-6[2023-10-12].https://doi.org/10.16267/j.cnki.1005-3956.20230421.150.

蒋小松,张红,何志平,2021.关于加快推进四川现代种业创新发展的建议[J].决策咨询(5):3-5,16.

矫健,聂雁蓉,张仙梅,等,2020.加快推进都市农业高质量发展对策研究——基于成都市对标评价[J].中国农业资源与区划,41(7):201-206.

金台咨询,2023.四川出台建设新时代更高水平"天府粮仓"行动方案[EB/OL].2023-02-08.https://baijiahao.baidu.com/s?id=1757249833181834214&wfr=spider&for=pc.

经济日报, 2023. 四川省委书记、省人大常委会主任王晓晖: 加快推动农业大省向农业强省跨越 [EB/OL]. 2023-06-06. https://sichuan.scol.com.cn/ggxw/202306/58907720.html.

阚莹莹, 2023. 提升农业机械化四川的破与立 [N]. 四川日报, 2023-07-05 (008). DOI: 10.28672/n.cnki.nscrb.2023.003829.

赖靖雯, 陈天宝, 杜兴端, 等, 2022. 基于比较优势的四川生猪产业竞争力研究 [J]. 养猪 (6): 63-67.

李大维, 2015. 中国粮食安全及其对策的探索 [D]. 南京: 南京大学.

李兰, 李良玉, 何舜, 等, 2014. 成都市种子产业现状及对策研究 [J]. 种子, 33 (2): 63-64, 69.

李莉, 王应宽, 傅泽田, 等, 2023. 世界农业工程学科研究进展及发展趋势 [J]. 农业工程学报, 39 (3): 1-15.

李琴, 石学彬, 2021. 基于 WoS 文献计量的食品科技研究现状分析 [J]. 科学观察, 16 (3): 42-53.

李荣, 2001. 颇具特色的法国农业 [J]. 农业科技通讯 (5): 41.

梁启章, 齐清文, 姜莉莉, 等, 2019. "粮经饲"种植结构优化方法与对弈式操作策略 [J]. 中国农业信息, 31 (2): 84-97.

廖功磊, 蒋辉霞, 何清燕, 等, 2018. 四川省攀西地区太阳能节水灌溉现状与思考 [J]. 四川农业与农机 (6): 15-16.

廖敏, 杨建国, 胡红, 等, 2020. 新形势下四川省农业机械化发展对策研究 [J]. 中国农机化学报, 41 (12): 183-188.

林楠, 2021. 自贡市农业产业发展现状及对策研究 [D]. 雅安: 四川农业大学.

刘春艳, 张继飞, 赵宇鸾, 等, 2018. 基于生态位理论的国土空间功能重要性评估——以攀西地区为例 [J]. 城市规划, 42 (4): 84-93.

刘定辉, 侯淑华, 陈尚洪, 2022. 四川耕地高效持续利用模式研究报告 [J]. 四川农业科技 (2): 19-21

刘国祥，2022. 信息技术在农业中的应用及发展现状［J］. 黑龙江粮食（8）：72-74.

刘涛，2022. 耕地质量下降原因与质量提升对策研究［J］. 新农民（20）：30-32.

刘晓波，边成丽，吴汉芳，等，2023. 四川安宁河流域粮经复合种植存在的问题与展望［J］. 四川农业科技（7）：97-99.

刘兴亮，苏春江，徐云，等，2007. 攀西地区农业自然资源评价及农业发展潜力分析［J］. 中国生态农业学报，15（5）：185-187.

柳苏芸，郝晓燕，2021. 全球种业巨头发展及其对我国的启示［J］. 农村金融研究（5）：16-22.

卢莹，2022. 四川老字号品牌发展现状、问题及营销策略研究［J］. 老字号品牌营销（9）：3-5.

罗浩轩，2023. 新时代打造更高水平天府粮仓的现状、困境及对策［J］. 四川农业科技（8）：5-9.

罗璐，2020. 眉山市东坡区循环农业发展现状研究［J］. 四川农业科技（5）：79-80.

骆高远，2021. 国外建设现代农业的主要模式［J］. 乡村振兴（6）：92-94.

毛世平，2017. 英国农业补贴政策及对我国的启示［J］. 黑龙江粮食（11）：49-52.

毛世平，龚雅婷，刘福江，2017. 英国农业补贴政策及对我国的启示［J］. 农业现代化研究，38（1）：31-37.

绵阳市人民政府办公室，2021. 绵阳市国民经济和社会发展第十四个五年规划和二〇三五年远景目标纲要［EB/OL］. 2021-03-23. http://www.my.gov.cn/public/2311/26147241.html.

聂有亮，杨坤，罗永等，2021. 成渝地区双城经济圈视野下的成都平原经济区农业协同发展机制研究［J］. 中国农业文摘-农业工程，33（3）：27-30.

农业农村部，2021. 关于加快发展农业社会化服务的指导意见［EB/OL］. 2021-07-07. https：//www.gov.cn/zhengce/zhengceku/2021-

07/16/content_5625383.htm.

农业农村部：进一步减少化肥、农药施用总量［J］.农村百事通，2023（2）：21.

欧铭鑫，刘佳杰，李成绕，2023.成都市平原耕地破碎化影响研究［J］.农村经济与科技，34（8）：63-67.

欧阳安，崔涛，林立，2022.智能农机装备产业现状及发展建议［J］.科技导报，40（11）：55-66.

庞艳梅，陈超，潘学标，2015.1961—2010年四川盆地玉米有效降水和需水量的变化特征［J］.农业工程学报，31（S1）：133-141.

齐瑞丽，2021.践行绿色发展理念的现状与路径——以眉山农村生态文明建设为例［D］.重庆：西南政法大学.

谯江兰，张立志，孙强，等，2021.四川省现代种业高质量发展存在的问题与对策研究［J］.中国种业（12）：41-44.

屈波，柴瑞杰，况福虹，2020.四川盆周山区生态保护与农业可持续发展综述［J］.河北民族师范学院学报，40（4）：101-106.

全晓艳，2023.四川农产品加工产业发展现状分析及对策建议［J］.农业与农机（4）：11-13.

人民网-四川频道，2023.四川出台建设新时代更高水平"天府粮仓"行动方案［EB/LO］.2023-02-08.http：//sc.people.com.cn/n2/2023/0208/c3455094 0293874.html.

沈茂英，2004.贫困山区农业可持续发展的问题与对策——以攀西川南山区为例［J］.安徽农业科学，32（6）：1252-1256.

史岩，2020.民以粮为安——关于我国粮食安全问题的思考［J］.华北自然资源（6）：133-134.

四川日报，2023.做好资源文章加快攀西经济区转型升级［EB/OL］.2023-05-18.http：//www.sc.xinhuanet.com/20230518/ff7be9ab8b9b4a72b0bc08ff54b7d8ec/c.html.

四川省耕地质量与肥料工作总站，2021.四川省耕地质量保护与提升主要做法［J］.四川农业与农机（6）：5-6.

四川省人民政府, 2019. 关于加快推进农业机械化和农机装备产业转型升级的实施意见 [EB/OL]. 2019-09-04. https：//www.sc.gov.cn/10462/c103044/2019/9/4/6a2c766 82c554d6b933e425694a73466.shtml.

四川省人民政府, 2021. 攀西经济区"十四五"转型升级发展规划 [EB/OL]. 2021-08-13. https：//www.sc.gov.cn/10462/qygh/2021/8/13/4c7f6faf1d9540 fb855714ef4 eab bb58.shtml.

四川省人民政府, 2022. "川种"欲行天下 商业化育种体系须补强 [EB/OL]. 2022-02-07. https：//www.sc.gov.cn/10462/12771/2021/2/7/42ebf8514d31 4b94848a1597ff31fe40.shtml.

四川省人民政府, 2022. 四川省"十四五"固体废物分类处置及资源化利用规划 [EB/OL]. 2022-11-29. https：//www.sc.gov.cn/10462/c108551/2022/11/29/bcd535b9d9764e7290ba71777d0f8e7a/files/c31f482431de418e883cd3152b7bd9fe.pdf.

四川省人民政府新闻办公室, 2023. 建设新时代更高水平"天府粮仓"行动方案新闻发布会 [EB/OL]. 2023-02-09. https：//www.sc.gov.cn/10462/10705/10707/2023/2/9/62b499c4dcff4ef2 bbe91bf55bb3e326.shtml.

四川省统计局, 2023. 统计年鉴（2022年）[EB/OL]. 2023-09-27. http：//tjj.sc.gov.cn/.

四川省乡村振兴局, 2023. 建设新时代更高水平"天府粮仓"行动方案新闻发布会 [EB/OL]. 2023-02-10. http：//xczxj.sc.gov.cn/scfpkfj/zzzqhy/2023/2/10/02ad28ff81fa424e822923c74202afba.shtml.

宋歌, 2020. 共被引分析方法迭代创新路径研究 [J]. 情报学报, 39（1）：12-24.

苏玉娟, 2023. 新一轮科技革命推动中国式现代化建设的路径 [J]. 中国井冈山干部学院学报（4）：55-62.

随顺涛, 欧之福, 杨建国, 等, 2019. 四川现代农机装备发展存在的问题与对策研究 [J]. 安徽农业科学, 2019, 47（15）：256-

258.

遂宁市人民政府办公室, 2022. 遂宁市"十四五"推进农业农村现代化规划 [EB/OL]. 2022-06-07. https://www.suining.gov.cn/gongkai/show/b4c18c6cb85b4dc79a20d17dd610ec07.html.

孙浩然, 2006. 国外建设现代农业的主要模式及其启示 [J]. 社会科学家 (2): 61-64.

孙继君, 2023. 农业工程中农业机械化发展的现状及解决策略探讨 [J]. 农业开发与装备 (7): 22-24.

孙强, 白建明, 李再胜, 等, 2021. 攀枝花市马铃薯优质新品种引进筛选试验 [J]. 中国马铃薯, 35 (1): 19-23.

孙巍, 吴蕾, 丁倩, 2021. 2020 全球农业研究热点前沿分析解读 [M]. 北京: 中国农业科学技术出版社.

唐时嘉, 1991. 四川西北高山高原土地资源评价 [J]. 自然资源 (5): 21-27.

陶颖, 周莉, 宋艳辉, 2017. 知识域可视化中的共被引与耦合研究综述 [J]. 图书情报工作, 61 (11): 140-148.

田媛, 2021. 四川省农业绿色全要素生产率研究 [D]. 成都: 四川师范大学.

田骏涛, 2021. 权威调查: 四川种业情况发展报告 [J]. 四川省情 (3): 41-44.

田罗, 周文佐, 何万华, 等, 2018. 2000—2016 年四川省耕地种植指数时空变化及其自然潜力分析 [J]. 中国生态农业学报, 26 (8): 1206-1216.

汪明煜, 周应恒, 2021. 法国乡村发展经验及对中国乡村振兴的启示 [J]. 世界农业 (4): 65-72.

王灿, 丛建辉, 王克, 等, 2021. 中国应对气候变化技术清单研究 [J]. 中国人口·资源与环境, 31 (3): 1-12.

王澄宇, 2022. 四川盆地丘陵区耕地自然质量等别及其空间分布特征和地形梯度效应研究 [D]. 雅安: 四川农业大学.

王贵荣, 2024. 2023 年农业经济形势总体良好 [EB/OL]. 2024-

11-23. http://www.ce.cn/xwzx/gnsz/gdxw/202401/18/t20240118_38870839.shtml.

王浩, 陈光建, 黄中杰, 等, 2012. 成都平原都江堰灌区耕地保护研究 [J]. 资源与人居环境 (1): 35-37.

王华, 2020. 高标准农田建设推进西昌市农业机械化发展 [J]. 四川农业与农机 (6): 48-49.

王建芳, 冷伏海, 2006. 共引分析理论与实践进展 [J]. 中国图书馆学报, 32 (1): 85-88.

王启, 张辉, 廖桂堂, 等, 2018. 四川省主要农业投入品时空变化特征及影响因素 [J]. 生态与农村环境学报, 34 (8): 717-725.

王强, 陈田田, 李爱迪, 等, 2020. "三生"视角下的国土空间利用质量评价——以攀西地区为例 [J]. 山地学报, 38 (2): 290-302.

王文月, 臧明伍, 张辉, 等, 2022. 我国食品科技创新力量布局现状与发展建议 [J]. 食品科学, 43 (13): 336-341.

王炫凯, 曲宝成, 艾孜买提·阿合麦提, 等, 2022. "十四五"时期我国粮食安全存在的问题及对策研究 [J]. 粮食问题研究 (3): 31-35.

王宇, 2021. 美国农业政策: 法律基础、政策框架和支持系统 [J]. 中国经济报告 (6): 140-144.

王哲, 蒋虎, 罗莹, 等, 2022. 攀西某芒果产区土壤重金属污染源解析 [J]. 科学技术与工程, 22 (10): 4237-4246.

魏明珠, 郑荣, 高志豪, 等, 2022. 融合知识图谱和深度神经网络的产业新兴技术预测模型研究 [J]. 情报学报, 41 (11): 1134-1148.

文艳林, 2010. 川西北高原特色农业的发展思路 [J]. 农村经济 (5): 74-76.

吴孔明, 2023. 以农业科技自立自强支撑引领农业强国建设 [J]. 红旗文稿 (6): 4-8.

吴琳璐, 2021. 春雨年年有 良田不宜岁负无——四川落实耕地保

护 守护天府农耕文化 [J]. 资源与人居环境（7）：40-43.

伍思冰，韩慧连，2024. 培育新质生产力助推农业现代化发展 [J]. 河北农机（6）：42-44.

谢瑞武，2023. 关于都市农业现代化的实践与思考——以成都市为例 [J]. 中国农业综合开发（1）：4-10.

新华社，2024. 全国98%以上的农业经营主体仍是小农户 [EB/OL]. 2024-11-22. https：//www.gov.cn/xinwen/2019-03/01/content_5369755.htm.

新华社，2024. 全国农作物耕种收综合机械化率超70% [EB/OL]. 2024-11-22. https：//www.gov.cn/xinwen/2020-01/08/content_5467487.htm.

新华社，2024. 中共中央国务院关于学习运用"千村示范、万村整治"工程经验有力有效推进乡村全面振兴的意见 [EB/OL]. 2024.11.21. https：//www.gov.cn/zhengce/202402/content_6929934.htm.

邢生炎，黄永震，吕世杰，等，2023. 生物育种技术及其在畜禽育种中的应用研究进展 [J/OL]. 中国畜牧杂志：1-16 [2023-10-12]. DOI：10.19556/j.0258-7033.20230505-01.

熊回香，孟璇，叶佳鑫，2021. 基于关键词语义类型和文献老化的学术论文推荐 [J]. 现代情报，41（1）：13-23.

徐振兴，2021. 补短板、促全程、保粮安 下好丘陵山区机械化先手棋——农业农村部农机鉴定总站、农机推广总站副站长徐振兴对四川农机春耕生产寄予期望 [J]. 四川农业与农机（2）：5.

许荣，肖海峰，2020. 美国新农业法案中农业补贴政策的改革及启示 [J]. 华中农业大学学报（社会科学版）2，135-142，169.

闫丽新，谷云峰，2023. 农业科技影响农业现代化的路径分析 [J]. 现代农业科技（5）：194-196.

闫紫月，黄萍，龚贤，等，2018. 乡村振兴背景下成都现代农业提质增效对策探析 [J]. 现代农业科技（18）：247，249.

颜学海，牟成君，龚芸，等，2020. 乐山市农作物种业发展现状与思考［J］. 中国种业（12）：35-37.

颜学海，牟成君，龚芸，吴红梅，2020. 乐山市农作物种业发展现状与思考［J］. 中国种业，12：35-37.

央视网，2024. 农业高质量发展成效显著 农业科技进步贡献率达62.4%［EB/OL］. 2024-11-22. https：//baijiahao. baidu. com/s?id=17636751068622499 51&wfr=spider&for=pc.

杨帆，2023. 川西北高原牧区生态振兴的问题、路径与对策［EB/OL］. 2023-02-23. http：//www. scst. org. cn/portal/article/index/id/9140/cid/68. html.

杨建国，邓林霞，郭佳，2021. "十四五"四川省农机化发展形势分析［J］. 四川农业与农机（1）：22-24.

杨建华，2020. 四川省农业机械化推进机制研究［D］. 成都：西南财经大学.

杨茂君，2018. 遂宁市推进农业供给侧结构性改革的探索［J］. 四川农业与农机（1）：13-15.

叶佳鑫，熊回香，杨滋荣，等，2021. 关键词词频及语义特征对科技文献聚类的影响研究［J］. 情报科学，39（8）：156-163. DOI：10.13833/j. issn. 1007-7634. 2021.08.020.

易卫华，2023. 垂直农业发展动因、制约因素及对策［J］. 四川农业科技（8）：18-21.

尹清非，李宏怿，陆艳飞，2019. 基于我国耐用消费品消费的创新扩散模型比较研究［J］. 消费经济，35（3）：52-60.

余健，2007. 看国外如何发展现代农业［J］. 中国农村科技（6）：46-47.

曾梦宁，2023. 培植"土"体现"特"做大"产"做好乡村振兴"土特产"这篇大文章［J］. 中国金融家（4）：35-36.

曾哲，2020. 欧盟共同农业政策框架下德国农业生态补偿政策及启示［J］. 辽宁大学学报（哲学社会科学版），48（3）：76-81.

翟立国，2022. 农业种植中生物技术的推广及应用［J］. 农家参谋（11）：43-45.

张璠，张喆，常淑惠，等，2022. 智慧农机多元化服务赋能乡村振兴的实现路径探索［J］. 南方农机，53（13）：68-70.

张涵，李奇翎，郭珊珊，等，2019. 成都平原典型区地下水污染时空异质性及污染源分析［J］. 环境科学学报，39（10）：3516-3527.

张俊，2022. 川渝黔一体化背景下贵州省区域创新能力比较分析［J］. 工程设计，114：191-196.

张萌，2021. 河北省农作物种质资源挖掘创制与绿色种业［J］. 中国种业（9）：4-6.

张晓山，2019. 推进农业现代化面临新形势新任务［N］. 人民日报，2019-05-13（9）.

张雪娜，2008. 吉林省农业现代化发展与农业基地布局研究［D］. 长春：东北师范大学.

张友才，林俊，2022. 四川：农业机械化发展势头强劲［J］. 四川省情（5）：48-50.

赵剑，2018. 关于德阳市推进农业供给侧结构性改革的几点思考［J］. 四川农业科技（12）：65-67.

赵文聪，2018. 眉山农业信息化发展的问题与对策研究［D］. 雅安：四川农业大学.

赵学梅，2013. 土地适度规模经营及政策保障体系建设研究［D］. 呼和浩特：内蒙古大学.

赵颖文，许钰莎，刘宗敏，2022. 关于保障四川粮食安全的几点思考与发展应对［J］. 粮食问题研究，4：10-15.

郑栅洁，2024. 国务院关于确保国家粮食安全工作情况的报告：2023年8月28日在第十四届全国人民代表大会常务委员会第五次会议上［EB/OL］. 2024-11-24. http：//www.npc.gov.cn/npc/c2/c30834/202309/t20230905_431547.html.

郑紫璇，许洁好，杨文，2022. 发达国家农业科技创新模式及其启示［J］. 海峡科学（4）：109-112.

智研咨询，2023. 2022年中国农业机械产业链、市场现状及发展趋势分析［EB/OL］. 2023-03-08. https：//baijiahao.baidu.com/s?id=1759764273671981357.

中国工程科技 2035 发展战略研究项目组，2019. 中国工程科技 2035 发展战略（农业领域报告）［M］. 北京：科学出版社.

中国工程院全球工程前沿项目组，2022. 全球工程前沿（2022）［R］. 中国工程院.

中国经济信息网，2008. 2008 中国行业年度报告系列之农业［EB/OL］. https：//www.gov.cn/zhengce/zhengceku/2021-07/16/content_5625383.htm.

中国农业科学院，2023. 学科体系［EB/OL］. 2023-10-31. https：//caas.cn/zzjg/zjnky/index.htm.

钟佳利，孙强，魏成轩，2022. 成都市都市农业发展现状问题及对策［J］. 南方农业，16（1）：118-120，124.

种聪，郭雨溪，岳希明，2023. 中国种业振兴：发展历程、关键问题与机制构建［J］. 农业现代化研究，44（2）：205-213.

周洁，2021. 盐亭县藤椒种植户农业社会化服务需求及影响因素研究［D］. 雅安：四川农业大学.

周维杰，李钟溟，李婷玉，等，2022. 协同作物提质增效和土壤地力提升的最佳氮素有机替代比例探索——以攀枝花芒果为例［J］. 热带作物学报，43（5）：1032-1044.

朱娟芬，谢志勇，2021. 乡村振兴战略背景下发展农业机械化的对策研究［J］. 中国设备工程（23）：242-243.

朱隽，2024. 人民财评：夯实耕地根基 保障粮食安全［EB/OL］. 2024-11-22. http：//opinion.people.com.cn/n1/2023/0714/c1003-40036138.html.

朱琳敏，2018. 绵阳市生态循环农业发展困境与对策研究［D］. 绵阳：西南科技大学.

朱敏，2017. 发达国家现代化农业发展模式及对我国的启示［N］. 中国经济时报，2017-05-22.

卓攀，张海波，2020."互联网+共享农业"平台关键技术集成与应用——以眉山市为例 [J]. 农家参谋 (21): 104.

资阳市农业农村局, 2021. 关于面向社会公众征求《资阳市"十四五"推进农业农村现代化规划(征求意见稿)》意见的公告 [EB/OL]. 2021/10/15. http://snyj.ziyang.gov.cn/details.aspx?id=5505.

JAYATHILAKAN K, SULTANA K, RADHAKRISHNA K, et al., 2012. Utilization of byproducts and waste materials from meat, poultry and fish processing industries: a review [J]. Journal of Food Science & Technology, 49 (3): 278-293. DOI: 10.1007/s13197-011-0290-7.

SMALL H, 1973. Co-citation in the Scientific Literature: A New Measureof the Relationship Between Two Documents [J]. Journal of the American Society for Information Science, 24 (4): 265-269.

WALLACE G, RODGERS-MELNICK E, Buckler E, 2018. On the road to breeding 4.0: unraveling the good, the bad, and the boring of crop quantitative genomics [J]. Annual Review of Genetics, 52 (1): 421-444.

WU D, TANG L, ZENG Z, et al., 2022. Delivery of hyperoside by using a soybean protein isolated-soy soluble polysaccharide nanocomplex: Fabrication, characterization, and in vitro release properties [J]. Food Chemistry (Aug.30): 386. DOI: 10.1016/j.foodchem.2022.132837.

附录 1
四川农业领域研究热点初选结果

宏观领域 （6个）	中观领域 （21个）	微观领域 （35个）	研究热点 （111个）	施引 文献/篇	被引 频次	文章 数量/篇	篇均被 引频次	均出 版年
农业工程 （Agricultural Engineering）	生物工程 （Bioengineering）	厌氧消化 （Anaerobic Digestion）	1. 厌氧消化反应器改进，流程优化和严格的生命周期评估，并在商业规模上部署预处理技术 2. 厌氧消化原料预处理，与不同基质的共同消化以及接种效率，以提高厌氧过程的性能，尤其是这些技术对木质纤维素降解的影响	825	917	38	24.13	2020
		活性污泥 （Activated Sludge）	提高消化废水中污染物去除效率，譬如利用外部碳源来增强氮和磷的去除	238	259	13	19.85	2020
		微生物燃料电池 （Microbial Fuel Cell）	微生物燃料电池技术	141	150	9	16.67	2020

附录1 四川农业领域研究热点初选结果

（续表）

宏观领域（6个）	中观领域（21个）	微观领域（35个）	研究热点（111个）	施引文献/篇	被引频次	文章数量/篇	篇均引频次	均出版年
农业工程（Agricultural Engineering）	土壤科学（Soil Science）	堆肥（Composting）	1. 对有机固体废物堆肥过程应用沸石和其他添加剂产生的变化 2. 论沸石应用堆肥过程的最新进展以及其对堆肥质量、土壤修复、营养管理和植物生长的影响 3. 堆肥过程中细菌群落的动态变化 4. 如何加速堆肥过程并提高效率 5. 进一步研究复合添加剂、可重复使用的多孔材料以及微生物添加剂在各种堆肥过程中的活性以减少堆肥中的氮损失	347	416	12	34.67	2021
	作物科学（Crop Science）		整合转录组学和代谢组学以研究某种环境胁迫下某种作物耐性相关的关键代谢、途径和候选基因研究	96	96	13	7.38	2021
	农业机械（Agricultural Machinery）		1. 播种机排种技术研究 2. 精准农业相关技术研究 3. 专门适用于液体厩肥或其他液体肥料，包括氨水的洒的装置，例如，运输罐、喷洒车等	98	354	20	17.71	2020
农业、乳品和动物科学（Agricultural, Dairy & Animal Science）	动物科学（Dairy & Animal Sciences）	乳猪（Piglet）	1. 调整日粮配比，额外添加营养元素对断奶仔猪肠道菌群的建立影响 2. 包括（日粮）对仔猪肠道微生物多样性、结构和演替的影响。 3. 利用计算机视觉用于评估肌肉（肌纤维）的各种质量参数	1 330	1 255	168	9.52	2020
		肉质（Meat Quality）	1. 通过日粮添加物促进猪肌纤维生长 2. 利用获得性和功能丧失试验和荧光元素酶活性测定技术探索微RNA在猪肌纤维规范中的决定性作用	269	284	37	7.68	2020

（续表）

宏观领域（6个）	中观领域（21个）	微观领域（35个）	研究热点（111个）	施引文献/篇	被引频次	文章数量/篇	篇均被引频次	均出版年
农业，乳品和动物科学（Agricultural, Dairy & Animal Science）	动物科学（Dairy & Animal Sciences）	动物福利（Animal Welfare）	1. 改善母猪的繁殖性能 2. 母猪产后护理 3. 母猪的淘汰研究（特定时间段扑杀）	224	276	32	8.63	2020
	微RNA和长链非编码RNA（Micro & Long Noncoding RNA）	微RNA（miRNA）	1. ACACA基因敲除的相关研究（用于研究代谢性疾病） 2. 微RNA转录组的比较	86	89	21	4.24	2020
		长链非编码RNA（LncRNA）	1. 全基因组鉴定与表征 2. 长链非编码RNA在动物表性特征方面（如山羊毛囊，鸡/兔的骨骼肌）鉴定，表达以及在生长发育过程中的功能和调控机制	77	81	13	6.23	2021
	炎症性肠病和感染（Inflammatory Bowel Diseases & Infections）	肠道微生物群（Gut Microbiota）	1. 某营养素在肠道微生物组的作用 2. 某营养素对动物肠道菌群多样性和结构的影响	399	420	56	7.5	2021
农业，多学科应用（Agriculture, Multidisciplinary）	作物科学（Crop Science）	QTL	1. EST-SSR分子标记技术检测种群基因功能的遗传多态性 2. QTL图谱的开发和应用 3. 一种名为定量性状基因测序的新方法，用于加速QTL的精细定位 4. 抗性、产量等基因鉴定 5. 原位杂交（FISH）核型分析技术 6. 为作物生成综合遗传图谱有助于确定串联重复DNA簇的位置，并有助于提高这些簇周围区域的基因组序列组装质量（构建整理遗传图谱）	59	60	17	3.53	2020

附录 1　四川农业领域研究热点初选结果

（续表）

宏观领域（6个）	中观领域（21个）	微观领域（35个）	研究热点（111个）	施引文献/篇	被引频次	文章数量/篇	篇均被引频次	均出版年
农业，多学科应用（Agriculture, Multidisciplinary）	作物科学（Crop Science）	非生物胁迫（Abiotic Stress）	1. 利用不同外源诱发子提高作物的耐热胁迫性（背景：全球变暖增加了热应激的风险） 2. 集约化种植或者干旱/渍涝等复合胁迫对作物的产量影响 3. 鉴定和应用耐盐或耐旱基因等以增强作物对环境胁迫的受性	66	66	15	4.4	2020
	土壤科学（Soil Science）	微生物量	评估生态恢复后土壤有机碳（SOC）和无机碳（SIC）储量的变化（用于估算区域碳预算和评估生态效应）	648	655	16	40.94	2020
		氮氧化物（Nitrous Oxide）	1. 氮素利用效率 2. 碳氮流失	88	89	15	5.93	2021
	植物化学物质（Phytochemicals）	抗氧化活性（Antioxidant Activity）	作物（植物）的生物活性化合物、保健功能和应用	45	45	6	7.5	2021
		绿茶（Green Tea）	茶树基因组研究及功能分析（中国热点）	39	39	5	7.8	2021

· 161 ·

（续表）

宏观领域（6个）	中观领域（21个）	微观领域（35个）	研究热点（111个）	施引文献/篇	被引频次/篇	文章数量/篇	篇均引频次	均出版年
农业，多学科应用（Agriculture, Multidisciplinary）	植物病理学（Plant Pathology）	植物根际促生菌（PGPR）	1. 寻找安全有效的生物防治方法替代化学防治 2. 使用促生菌作为果蔬采后病害的生物防治剂 3. 植物生长促进：如何利用PGPR来提高植物的生长、产量和质量。包括：探索不同类型的PGPR对不同植物品种的影响，以及它们对植物生长素产生、根系发育和营养元素吸收的影响 4. 生物防御和免疫系统：如何利用PGPR来增强植物的自然抗病能力，从而降低对农药的依赖 5. 促生菌对环境胁迫的响应：PGPR如何减轻环境胁迫对植物的不利影响，提高植物在恶劣环境下的存活能力 6. 分子机制：揭示PGPR与植物之间的相互作用机制。研究涉及分析PGPR对植物基因表达的影响，信号传导途径的激活等	54	55	6	9.17	2020
	作物保护（Crop Protection）	收获机器人（Harvesting Robot）	计算机视觉/深度学习辅助采摘/分类/预测产量	105	105	6	17.5	2021

附录1 四川农业领域研究热点初选结果

（续表）

宏观领域（6个）	中观领域（21个）	微观领域（35个）	研究热点（111个）	施引文献/篇	被引频次	文章数量/篇	篇均被引频次/篇	均出版年
农业，多学科应用（Agriculture, Multidisciplinary）	食品工程（Food Technology & Science）	β-乳球蛋白（Beta-Lactoglobulin）	1. 蛋白质改性与功能性：研究关注蛋白质在不同处理条件下的物理化学性质和功能性改变。研究包括不同的物理化学处理，如低温挤压、连续的pH调节、超声波处理，以及这些处理对蛋白质功能性的影响 2. 食物稳定性和消化性：对食物中成分的稳定性和消化性质的研究。研究关注食物中不同成分（如蛋白质、脂肪、营养素等）的相互作用，以及在不同处理条件下这些相互作用的变化 3. 微生物学和消化健康：微生物健康和蛋白质之间的相互作用对消化健康的影响，包括益生菌的作用、肠道炎症和屏障功能等方面 4. 天然产物与保健功能：比如不同产物对健康的影响，食品中的天然产物（如多酚类化合物、维生素等）在食物中的相互作用和稳定性 5. 纳米技术在食品中的应用：纳米技术在食品中的应用，如纳米胶囊的制备和其在食物中的功能性应用	129	141	11	12.82	2021

（续表）

宏观领域（6个）	中观领域（21个）	微观领域（35个）	研究热点（111个）	施引文献/篇	被引频次	文章数量/篇	篇均被引频次	均出版年
农业，多学科应用（Agriculture, Multidisciplinary）	食品工程（Food Technology & Science）	淀粉（Starch）	1. 淀粉消化与血糖水平：多酚类化合物如何影响淀粉消化和血糖水平，例如多酚类化合物对淀粉消化酶（如α-淀粉酶和α-葡萄糖苷酶）的抑制作用，以及如何减缓血糖的升高。 2. 淀粉-脂质-蛋白质复合物：涵盖淀粉与脂质、蛋白质之间的相互作用，以及如何形成淀粉-蛋白质-脂质复合物，蛋白质-脂质复合物对淀粉消化和食品性质的影响。 3. 淀粉-蛋白质相互作用：淀粉-蛋白质相互作用对食品混合物的物理化学和消化性质的影响。 4. 食品结构与消化：在不同加工条件下淀粉的多尺度结构变化，以及这些变化对淀粉消化的影响。 5. 多酚类化合物如何干预淀粉消化：多酚类化合物的抑制机制，包括不同多酚类化合物的形成、结构和功能，以及这些自组装复合物对食品性质和消化的影响。 6. 自组装复合物的自组装过程，不同复合物的自组装对食品性质和消化的影响	34	34	9	3.78	2021
渔业（Fisheries）			1. 集约化水产养殖或自然流域等水生环境中，鱼类受到的温度和缺氧胁迫的机制研究 2. 膳食缺少（磷/赖氨酸等物质）或添加对鱼类生长性能、消化能力、健康状况及生长相关基因表达的影响 3. 鱼类基因组测序及转录组分析	2 475	3 388	395	8.58	2020

附录1 四川农业领域研究热点初选结果

（续表）

宏观领域（6个）	中观领域（21个）	微观领域（35个）	研究热点（111个）	施引文献/篇	被引频次	文章数量/篇	篇均被引频次/篇	均出版年
植物科学（Plant Science）	作物科学（Crop Science）	QTL	基于全基因组关联图谱和基因组预测分析,挖掘小麦、玉米、水稻等作物有利用价值的数量遗传位点（QTL），并研究其与其他重要农艺性状之间的遗传关系,为精细定位和分子辅助选育种奠定基础	2 378	3 731	328	11.38	2020
		非生物胁迫（Abiotic Stress）	研究影响植物生长的主要非生物胁迫因素,包括盐胁迫、热胁迫、干旱胁迫等,植物激素脱落酸（ABA）等在植物发育过程和非生物胁迫反应中的作用	3 104	3 521	245	14.37	2020
		拟南芥（Arabidopsis）	1. 使用靶标模拟方法抑制微RNA,增强对稻瘟病的抵抗力,提高谷物产量并缩短生长期 2. 研究miR398b在水稻免疫中的功能,多个超氧化物歧化酶基因有助于miR398b调节水稻对稻瘟病的免疫力 3. 拟南芥免疫相关基因启动子对免疫信号分子的响应强度研究	2 261	2 636	190	28	2020
		粮食产量（Grain Yield）	1. 温度和太阳辐射、播种方式对水稻和小麦抗倒伏性,生产和谷物质量的影响机制研究 2. 各类作物耐热基因筛选和耐热品种选育研究 3. 秸秆覆盖免耕（SMNT）对小麦分蘖的积极影响的研究 4. 基于SNP的高密度基因分型鉴定与验证普通小麦功能性状的定量性状位点 5. 分析氮吸收及其在水稻和大豆、小麦一小麦种植系统中对籽粒产量和蛋白质品质相关性状的贡献	134	134	25	5.36	2021

(续表)

宏观领域(6个)	中观领域(21个)	微观领域(35个)	研究热点(111个)	施引文献/篇	被引频次	文章数量/篇	篇均引频次	均出版年
	植物化学物质(Phytochemicals)	三萜类化合物(Triterpenoids)	1.柴胡皂苷、粗壮女贞叶、大蓟的药理作用研究 2.地榆细胞毒性分析 3. Celastrus 属（Celastraceae）的植物、五叶草、CyperiRhizoma（CR）、板蓝根等中药的民族药理学相关性研究 4.高含氧三萜类化合物和稀有四萜类化合物及其抗菌活性	357	370	49	7.55	2020
	系统发育学和基因组学(Phylogenetics & Genomics)	线粒体基因组(Mitochondrial Genome)	基于线粒体基因组序列的葱属（葱科）、百合科系统发育、年龄组对物种的适应性进化研究	864	1 175	138	8.51	2020
植物科学(Plant Science)	土壤科学(Soil Science)	间作(Interplant)	1.玉米—大豆间作系统的种间效应、土地生产力 2.土壤有机质和土壤氮含量的影响 3.遮阴处理,光合效率对大豆产量的影响 4.玉米—大豆间作体系的最佳种植密度	428	543	30	18.1	2021
	植物病理学(Plant Pathology)	真菌(Fungi)	1.通过抗性易感宿主真菌进行核桃培育病菌的鉴定和抗性评估,研究抗病核桃栽培种 2.褪黑激素和丛枝菌根菌通过增加菌根定植和养分吸收,协同提高猕猴桃幼苗的耐旱性	44	45	14	3.21	2021
	林草科学(Forestry)	牧草(Rangelands)	1.高原鼠兔控洞活动对中国高寒草甸草/莎草比的影响 2.青藏高原高寒草原牲畜密度对牧草养和产量的影响 3.基于生态系统耦合与生态系统多功能性对高寒草甸放牧诱导植物演替进行分析研究	100	111	10	11.1	2021

附录1 四川农业领域研究热点初选结果

（续表）

宏观领域（6个）	中观领域（21个）	微观领域（35个）	研究热点（111个）	施引文献/篇	被引频次	文章数量	篇均被引频次/篇	均出版年
	作物学（Crop Science）	稳固性（Firmness）	1. 苦荞种子发育过程中黄酮化合物生物合成机制 2. 高速剪切法提取西番莲果皮果胶的结构和流变学特性 3. 声振动法在农产品质量无损评价中的应用 4. 乙烯反应因子在果实后熟中的作用 5. 猕猴桃货架期品质动力学及寿命预测模型 6. 猕猴桃不同发育时期营养成分的代谢组学和转录组学分析	349	366	32	11.44	2021
食品科学与技术（Food Science & Technology）		花青素生物合成（Anthocyanin Biosynthesis）	基于转录组学和代谢组学的苦荞及种子的黄酮化合物/黄酮醇生物合成机制	127	135	16	8.44	2021
	动物科学（Animal Science）	肉鸡（Broiler）	1. 鸡蛋壳基质蛋白质组学、磷酸化蛋白质组学和蛋白质组学的综合分析 2. 海藻酸糖对猪肠道的作用 3. 精氨酸对猪骨骼肌的作用及影响机制 4. 甲基供体对后代猪生长性能、胴体性状和肉质影响 5. 低蛋白日粮在仔猪、肉鸡中的应用及相关影响	178	184	19	9.68	2020

（续表）

宏观领域（6个）	中观领域（21个）	微观领域（35个）	研究热点（111个）	施引文献/篇	被引频次	文章数量/篇	篇均被引频次	均出版年
	动物科学（Animal Science）	肉质（Meat Quality）	1. 应用高通量测序技术研究肉质微生物群多样性，细菌群落及理化特性及微生物安全性评价 2. 西藏猪肉食用品质的形成机制 3. 牦牛肉氧化过程中挥发性风味的变化研究及提高牦牛肉嫩度的相关研究 4. 肉类肌原纤维蛋白的结构（超微结构，微观结构），凝胶特性、水流动性、功能修饰，氧化机理的应用 5. 酚类化合物在肉糜制品中的应用 6. 育肥猪肉质，肌纤维特性和抗氧化能力的研究 7. 中国兔产业发展	909	1130	97	11.65	2021
食品科学与技术（Food Science & Technology）	食品科学与技术（Food Science & Technology）	β-乳球蛋白（Beta-Lactoglobulin）	1. N-糖蛋白组的鉴定，生物学功能和结构性质研究范围，鸡、鸭蛋白，大豆蛋白技术方法：定量分析，超声预处理，生物信息组模型，计算机模拟，多光谱技术，生物信息学分析等 2. 豆类蛋白的理化和功能特性研究技术方法：计算机模拟，多光谱技术等 3. 大豆分离蛋白（SIP）功能和结构性质的影响技术方法：荧光分析，紫外-可见光谱等 4. 表没食子儿茶素没食子酸酯（EGCG）对大豆分离蛋白（SIP）功能和结构性质的影响 5. 魔芋葡甘低聚糖的结构分析和生理活性研究	1439	1848	112	16.5	2021
		淀粉（Starch）	1. 籼稻品种食味值与化学成分研究 2. 水稻品种早期味觉评价 3. 水稻品种直链淀粉和蛋白质含量研究 4. 淀粉与不同酚类化合物的相互作用及作用机理 5. 淀粉结构和理化性质对其在食品工业应用中的影响	848	931	82	11.35	2021

附录 2
四川农业领域研究热点排序

微观主题	研究热点	核心论文（篇）	核心论文平均出版年	综合排名
遗传位点（QTL）	基于全基因组关联图谱和基因组预测分析，挖掘小麦、玉米、水稻等作物具有利用价值的数量遗传位点（QTL），并研究其与其他重要农艺性状之间的遗传关系，为精细定位和分子辅助选择育种奠定基础	328	2020	1
非生物胁迫	研究影响植物生长的主要非生物胁迫因素，包括盐胁迫、热胁迫、干旱胁迫等；植物激素脱落酸（ABA）等在植物发育过程和非生物胁迫反应中的作用	245	2020	2
拟南芥	1. 使用靶标模拟方法抑制微RNA，增强对稻瘟病的抵抗力，提高谷物产量并缩短生长期 2. 研究 miR398b 在水稻免疫中的功能，发现多个超氧化物歧化酶基因有助于 miR398b 调节水稻对稻瘟病（rice blast）的免疫力 3. 拟南芥免疫相关基因启动子对免疫信号分子的响应强度研究	190	2020	3
β-乳球蛋白	1. N-糖蛋白组的鉴定、生物学功能和结构性质研究 2. 豆类蛋白质的理化和功能特性研究 3. 表没食子儿茶素没食子酸酯（EGCG）对大豆分离蛋白（SIP）功能和结构性质的影响 4. 魔芋葡甘低聚糖（KGOS）的结构分析和生理活性研究	112	2021	4

（续表）

微观主题	研究热点	核心论文（篇）	核心论文平均出版年	综合排名
乳猪	1. 调整日粮配比、额外添加营养元素对断奶时仔猪肠道菌群的建立影响 2. 不同配方的日粮对仔猪肠道微生物多样性、结构和演替的影响	168	2020	5
线粒体基因组	基于线粒体组序列的葱属（葱科）、百合科系统发育、年龄的研究以及基于叶绿体基因组序列对物种的适应性进化研究	138	2020	6
肉质	1. 应用高通量测序技术研究肉质微生物群落多样性、细菌群落及理化特性及微生物安全性评价 2. 西藏猪肉食用品质的形成机制 3. 牦牛肉氧化过程中挥发性风味的变化研究及提高牦牛肉嫩度的相关研究 4. 肉类肌原纤维蛋白的结构（超微结构、微观结构）、凝胶特性、水流动性、功能修饰、氧化机理的研究 5. 酚类化合物在肉糜制品中的应用 6. 育肥猪肉质、肌纤维特性和抗氧化能力的研究 7. 中国兔产业发展	97	2021	7
淀粉	1. 籼稻品种食味值与化学成分研究 2. 水稻品种育种早期味觉评价 3. 水稻品种直链淀粉和蛋白质含量研究 4. 淀粉与不同酚类化合物的相互作用及作用机理 5. 淀粉结构和理化性质对其在食品工业应用中的影响	82	2021	8
厌氧消化	1. 厌氧消化反应器改进，流程优化和严格的生命周期评估，并在商业规模上部署预处理技术 2. 厌氧消化原料预处理，与不同基质的共同消化以及接种效率，以提高厌氧过程的性能，尤其是这些技术对木质纤维素降解的影响	38	2020	9
土壤微生物	评估生态恢复后土壤有机碳（SOC）和无机碳（SIC）储量的变化（用于估算区域碳预算和评估生态效应）	16	2020	10

附录2 | 四川农业领域研究热点排序

（续表）

微观主题	研究热点	核心论文（篇）	核心论文平均出版年	综合排名
堆肥	1. 对有机固体废物（OSW）堆肥过程应用沸石（zeolite）和其他添加剂产生的变化 2. 论沸石应用于OSW堆肥过程的最新进展以及其对堆肥质量、土壤修复、营养管理和植物生长的影响 3. 堆肥过程中细菌群落的动态变化 4. 如何加速堆肥过程提高效率 5. 进一步研究复合添加剂、可重复使用的多孔材料以及微生物添加剂在各种堆肥过程中的活性，以减少堆肥中的氮损失	12	2021	11
间作	1. 玉米—大豆间作系统的种间效应、土地生产力 2. 间作对土壤有机质和土壤氮含量的影响 3. 遮阴处理、光合效率对大豆产量的影响 4. 玉米—大豆间作体系的最佳种植密度	30	2021	12
肠道微生物	1. 某营养素在肠道微生物组的作用 2. 某营养素对动物肠菌群多样性和结构的影响	56	2021	13
稳固性	1. 苦荞种子发育过程中黄酮化合物生物合成机制 2. 高速剪切法提取西番莲果皮果胶的结构和流变学特性 3. 声振动法在农产品质量无损评价中的应用 4. 乙烯反应因子在果实后熟中的作用 5. 猕猴桃货架期间品质动力学及寿命预测模型 6. 猕猴桃不同发育时期营养成分的代谢组学和转录组学分析	32	2021	14
三萜类化合物	1. 柴胡皂苷、粗壮女贞叶、大戟的药理作用研究 2. 地榆细胞毒性分析 3. 对（Celastrus L.）属（卫矛科）植物、五叶草（Celastrus angulatus）、香附（Cyperi Rhizoma，CR）、板蓝根等中药的民族药理学相关性进行研究 4. 高含氧三萜类化合物和稀有四萜类化合物及其抗菌活性	49	2020	15
收获机器人	计算机视觉/深度学习辅助采摘/分类/预测产量	6	2021	16

（续表）

微观主题	研究热点	核心论文（篇）	核心论文平均出版年	综合排名
动物福利	1. 改善母猪的繁殖性能 2. 母猪产后护理 3. 母猪的淘汰研究（特定时间段扑杀）	32	2020	17
花青素生物合成	基于转录组学和代谢组学的苦荞及种子的黄酮化合物/黄酮醇生物合成机制	16	2021	18
活性污泥	提高消化废水中污染物去除效率，譬如利用外部碳源来增强氮和磷的去除	13	2020	19
牧草	1. 高原鼠兔挖洞活动对中国高寒莎草甸草/莎草比的影响 2. 青藏高原高寒草原牲畜密度对牧草营养和产量的影响 3. 基于生态系统耦合与生态系统多功能性对高寒草甸放牧诱导植物演替进行分析研究	10	2023	20
肉质	1. 利用计算机视觉用于评估肌肉（肌纤维）的各种质量参数 2. 通过日粮添加物促进猪肌纤维生长 3. 利用获得性和功能丧失试验和荧光素酶活性测定技术探索微RNA在肌纤维规范中的决定性作用	37	2020	21
β-乳蛋白	1. 蛋白质改性与功能性：蛋白质的物理化学性质和功能性在不同处理条件下的改变。研究包括不同的物理化学处理，如低温挤压、连续的pH调节、超声波处理等，以及这些处理对蛋白质功能性的影响 2. 食物稳定性和消化性：对食物中成分的稳定性和消化性质的研究。研究食物中不同成分（如蛋白质、脂肪、营养素等）的相互作用，以及在不同处理条件下这些相互作用的变化 3. 微生物学和消化健康：微生物和蛋白质之间的相互作用对消化健康的影响。包括益生菌的作用、肠道炎症和屏障功能等方面 4. 天然产物与保健功能：食品中天然化合物对健康的影响。比如不同的天然产物（如多酚类化合物、维生素等）在食物中的相互作用和稳定性 5. 纳米技术在食品中的应用：纳米技术在食品中的应用，如纳米胶囊的制备和其在食物中的功能性应用	11	2021	22

附录2 四川农业领域研究热点排序

（续表）

微观主题	研究热点	核心论文（篇）	核心论文平均出版年	综合排名
粮食产量	1. 温度和太阳辐射、播种方式对水稻和小麦抗倒伏性、生产和谷物质量的影响机制研究 2. 谷类作物耐热基因筛选和耐热品种选育研究 3. 秸秆覆盖免耕（SMNT）对小麦分蘖的积极影响的机制研究 4. 基于SNP的高密度基因分型鉴定与验证普通小麦功能性状的定量性状位点 5. 分析氮（N）吸收及其在稻麦（RW）和大豆—小麦（SW）种植系统中对籽粒产量和蛋白质品质相关性状的贡献	25	2021	23
微生物燃料电池	微生物燃料电池技术	9	2020	24
氮素	1. 氮素利用效率研究 2. 土壤碳氮流失研究	15	2021	25
非生物胁迫	通过整合转录组学和代谢组学研究某种环境胁迫下某种作物耐性相关的关键代谢、途径和候选基因研究	13	2021	26
肉鸡	1. 鸡蛋壳基质蛋白质组学、磷酸化蛋白质组学和N-糖蛋白质组学的综合分析 2. 海藻寡糖对猪肠道的作用 3. 精氨酸对猪骨骼肌的作用及影响机制 4. 甲基供体对后代仔猪生长性能、胴体性状和肉质影响 5. 低蛋白日粮在仔猪、肉鸡中的应用及相关影响	19	2020	27
长链非编码RNA	1. 全基因组鉴定与表达分析 2. 长链非编码RNA在动物表性特征方面（如山羊毛囊，鸡/兔的骨骼肌）鉴定、表达以及在生长发育过程中的功能和调控机制	13	2021	28
抗氧化活性	作物（植物）的生物活性化合物、保健功能和应用	6	2021	29
真菌	1. 通过抗性宿主与易感宿主的生理反应进行核桃炭疽病真菌的鉴定和抗性评估，研究培育抗炭疽病核桃 2. 褪黑激素和丛枝菌根真菌通过增加菌根定植和养分吸收，协同提高猕猴桃幼苗的耐旱性	14	2021	30

（续表）

微观主题	研究热点	核心论文（篇）	核心论文平均出版年	综合排名
微RNA	1. *ACACA* 基因敲除的相关研究（用于研究代谢性疾病） 2. 微RNA转录组的比较研究	21	2020	31
绿茶	茶树基因组研究及功能分析	5	2021	32
根际促生菌PGPR	1. 寻找安全有效的生物防治方法代替化学防治 2. 使用促生菌作为果蔬采后病害的生物防治剂 3. 植物生长促进：如何利用PGPR来提高植物的生长、产量和质量。包括：探索不同类型的PGPR对不同植物品种的影响，以及它们对植物的生长素产生、根系发育和营养元素吸收的影响 4. 生物防御和免疫系统：如何利用PGPR来增强植物的自然抗病能力，从而降低对农药的依赖 5. 促生菌对环境胁迫的响应：PGPR如何减轻环境胁迫对植物的不利影响，提高植物在恶劣环境下的存活能力 6. 分子机制：揭示PGPR与植物之间的相互作用机制。研究分析PGPR对植物基因表达的影响、信号传导途径的激活等	6	2020	33
淀粉	1. 淀粉消化与血糖水平：多酚类化合物如何影响淀粉消化和血糖水平。例如多酚类化合物对淀粉消化酶（如α-淀粉酶和α-葡萄糖苷酶）的抑制作用，以及如何减缓血糖的升高 2. 淀粉-脂质和淀粉-脂质-蛋白质复合物：涵盖淀粉与脂质、蛋白质之间的相互作用。譬如如何形成淀粉-脂质和淀粉-脂质-蛋白质复合物，以及这些复合物对淀粉消化和食品性质的影响 3. 淀粉-蛋白质相互作用：淀粉-蛋白质相互作用对食品混合物的物理化学和消化性质的影响 4. 食品结构与消化：在不同加工条件下淀粉的多尺度结构变化，以及这些变化对淀粉消化的影响 5. 多酚类化合物的抑制机制，包括不同多酚类化合物如何干预淀粉消化酶的活性 6. 自组装复合物的形成、结构和功能，不同复合物的自组装过程。以及这些自组装复合物对食品性质和消化的影响	9	2021	34

附录 2 四川农业领域研究热点排序

（续表）

微观主题	研究热点	核心论文（篇）	核心论文平均出版年	综合排名
QTL	1. EST-SSR 分子标记技术，检测种群基因功能的遗传多态性 2. QTL 图谱的开发和应用 3. QTG-seq 的新方法，用于加速 QTL 的精细定位 4. 抗性/产量等基因鉴定 5. 原位杂交（FISH）核型分析技术 6. 为作物生成的综合遗传图谱有助于确定串联重复 DNA 簇的位置，并有助于提高这些块周围区域的基因组序列组装质量	17	2020	35
非生物胁迫	1. 利用不同外源诱发子提高作物的耐热胁迫性 2. 集约化种植或者气候条件变化下，遮阴/干旱/渍涝等复合胁迫对作物的产量影响 3. 鉴定和应用耐盐或耐旱基因等以增强作物对环境胁迫耐受性	15	2020	36
渔业	1. 集约化水产养殖或自然流域等水生环境中，鱼类受到的温度和缺氧胁迫的机制研究 2. 膳食缺少（磷/赖氨酸等物质）或添加对鱼类生长性能、消化能力、健康状况及生长相关基因表达的影响 3. 鱼类基因组测序及转录组分析	395	2020	*